EVA DAWO   OLIVER GÖTZ

SCHÄTZE AUS DER PFALZ

Umschau

Am Fuße des Hambacher Schlosses.

INHALT

KARTE	10
VORWORT EVA DAWO	13
VORDERPFALZ	16
Landgasthaus Zur Traube	20
Pfälzer Markthalle	22
Weingut Philipp Kuhn	24
Café Solo	26
Altstadthof Freinsheim	28
WEINreich – Weinstube & Gästezimmer	30
Weinhaus Henninger	32
Hotel Annaberg, 1514 Hotel Freinsheim	34
Dermatologie im Fronhof, Kosmetikinstitut im Fronhof	38
Goldschmiede Stefan Diemer	40
Weinstube Bach-Mayer	42
Weingut Manz, Gästehaus Altstadt-Residenz	44
Restaurant Luginsland	46
Metzgerei Klaus Hambel	48
J. Biffar & Co. GmbH	50
Gasthaus zur Kanne	52
DIE PFALZ UND IHRE WEINE	54
INTERVIEW PFÄLZER WEINKÖNIGIN	56
Weingut Reichsrat von Buhl	58
Weingut von Winning, Restaurant Leopold	62
Weingut Geheimer Rat Dr. von Bassermann-Jordan	66
Ketschauer Hof	68
Netts Restaurant und Landhaus	72
Restaurant Spinne	74
Winzerstube Mußbach	76
Café Schwarze Katze	78
Hotel Palatina	80
Hambacher Schloss Restaurant 1832, Stiftung Hambacher Schloss	82
Grünwedel's Restaurant	84
La Bohème	86
Privat-Kaffee-Rösterei H. Mohrbacher KG	88
Schmuck Antje Liebscher	90
Avantgarthe	92

Weinreben im Juli an der Römerkelter in Ungstein.

INHALT

SÜDPFALZ	96
INTERVIEW LANDAUER OBERBÜRGERMEISTER	100
Gutshof Bauer's Stuben	102
Gutting Pfalznudel	104
Landrestaurant Goldener Engel	106
Schloss Edesheim	108
Weingut Stefan Oberhofer	110
Wohlfühlhotel Alte Rebschule	112
Weingut Sankt Annaberg, Restaurant Sankt Annagut	114
Zur Alten Küferei	116
Antiquitäten Schowalter & Partner	118
Wilhelmshof	120
Beppler Wohnen und Garten	122
Pytel's „Im Zoo"	124
Dies & Das	128
Café Oswald	130
Zum Weißen Bären	132
Weinstube Brennofen	134
Café Theobald	136
Weingut, Gästehaus & Weinrestaurant Schunck	138
Café Rosinchen	140
Die Nachtigall	142
Kleines Landhaus Wendel	144
Culinarium	146
Schlössl	148
Deutsches Weintor eG	150
Bauernhof Kieffer	152

WESTPFALZ	156
Landgasthof-Hotel Zum Ochsen	160
Wasa Wohnen	162
Tausendmühle	164
Ölmühle Hotel-Restaurant	166
Backparadies Kissel	168
Hotel-Restaurant Bremerhof	170
Reismühle Kaffeemanufaktur	172
Hotel Restaurant Reweschnier	174
Zum Alten Keiler	176
Restaurant Zur Wasserburg	178
Hotel Pfälzer Hof	180
Weingut-Hotel-Restaurant Barth	182
REZEPTE AUS DER PFALZ	184
ADRESSVERZEICHNIS	198
REZEPTVERZEICHNIS	205
IMPRESSUM	208

Der Kaiserdom zu Speyer.

KARTE

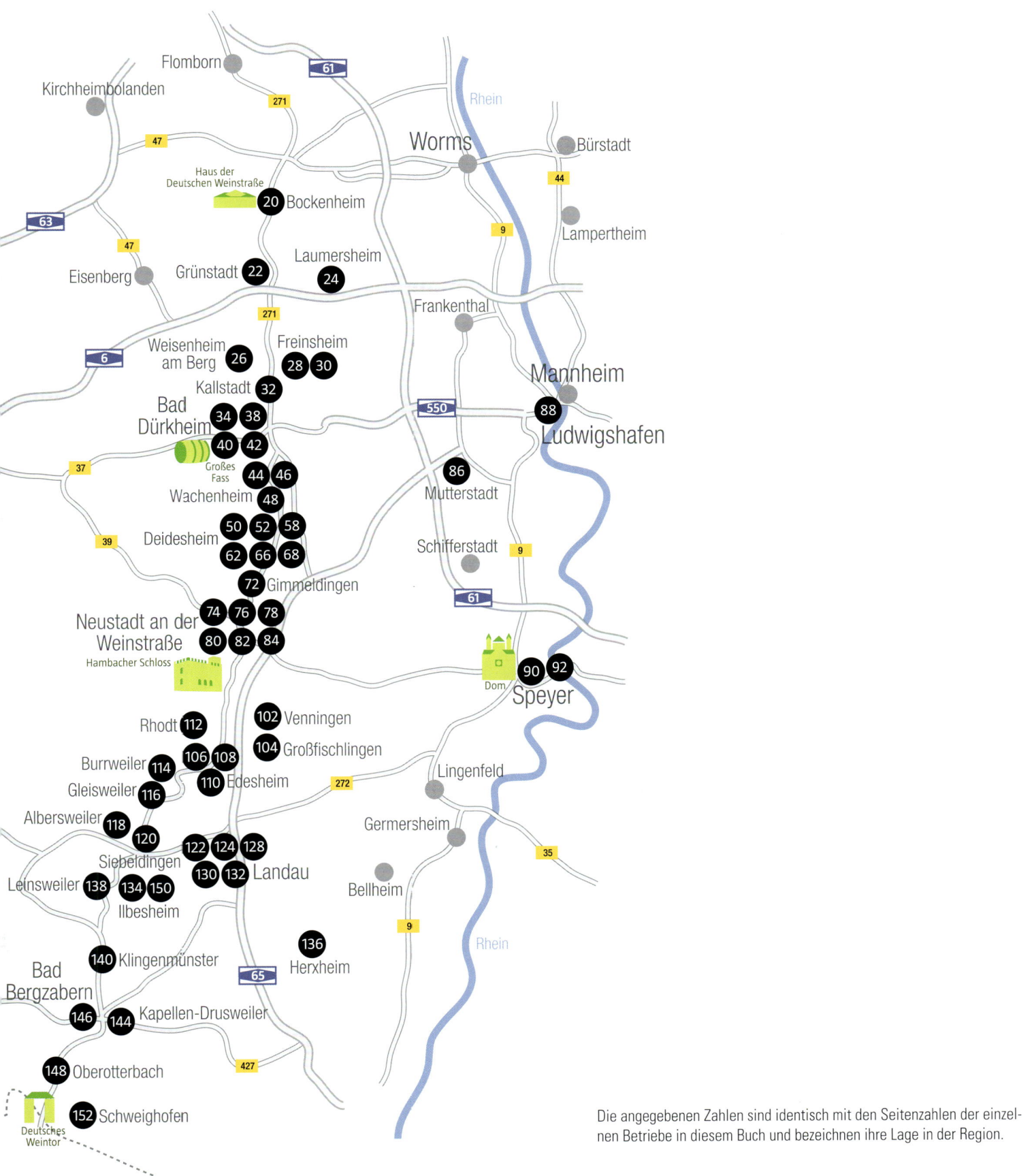

Die angegebenen Zahlen sind identisch mit den Seitenzahlen der einzelnen Betriebe in diesem Buch und bezeichnen ihre Lage in der Region.

An der Weinberglage Forster Kirchenstück.

VORWORT

Grüne Reben, dunkle Wälder,

hohe Berge, weite Felder,

goldne Sonne, goldner Wein.

Hoch lebe die Pfalz,

hoch lebe die Pfalz am Rhein!

Pfälzer Sängerspruch von Gerd Nöther

Gleich zu Beginn, nachdem ich wusste, dass mir die Ehre beschieden ist, als Ihre Autorin unser Buch zu schreiben, setzte ich mich mit der Überlegung auseinander, wer oder was die Schätze der Pfalz sind – und ich kam zu einem klaren Ergebnis: Die Schätze der Pfalz sind ihre Menschen! Ehrlich, herzlich und erfüllt von trockenem Humor sind sie – die Pfälzer. Parallelen tauchen auf mit einem knackig-frischen, glänzend ausgebauten Riesling, der allzu typisch ist für die Heimat Pfalz; aber er ist auch etwas „knorrig" und eigenwillig. So wie ein alter Rebstock, der bei manch harter Witterung den Jahren trotzt und im Herbst voller Stolz seine reifen, goldenen Früchte trägt. Deshalb soll dieses Buch all denen gewidmet sein, die – geprägt von der Vergangenheit – Schritt für Schritt mit der Zeit gehen, um Zukunft wesentlich zu gestalten. Einem Teil dieser Menschen begegnen Sie in diesem Buch; Sie lernen sie kennen und schätzen. Reisen Sie mit – heute und morgen – und genießen Sie mit allen Sinnen.

Begleiten Sie mich hin zu kulturellen Schätzen und wandern Sie im Pfälzer Wald; spüren Sie den lebendigen Geist geschichtlicher Zeitzeugen. Nicht vergessen möchte ich, Dank zu sagen. Danke allen Beteiligten und unserem Team. „Meinem" und Ihrem Fotografen, Herrn Oliver Götz, für eine tolle Zusammenarbeit und Frau Karin Liebert, die mit mir von Anfang an auf Reisen ging.

Bevor wir starten, möchte ich mein Glas erheben. Und gleich, mit welchem Glas Sie belieben anzustoßen – ob Schoppen- oder Dubbeglas, Sekt- oder Stielglas –, lauschen Sie einmal den vielfarbigen Klängen. Den Klängen eines alten und dabei so jungen Landes – der Pfalz.

Herzlichst Ihre

Blick vom Hambacher Schloss.

Altpörtel in Speyer.

Weinberge in der Vorderpfalz (links),
Weinfest im Weinort Wachenheim (rechts)

GESCHMÜCKT BIST DU, DU GOLDNE VORDERPFALZ

Eine Vielzahl von Städten und Gemeinden, die auf Grund ihrer edlen Lagen und bedeutenden Geschichte an wertvolle Perlen erinnern, das ist die Vorderpfalz. Vom Klima begünstigt, blühen wie überall entlang der Deutschen Weinstraße, die im Norden in Bockenheim beginnt, unzählige Mandelbäume weitaus früher als in anderen Regionen. Zartweiße und kräftige rosa Blüten schmücken die Landschaft gleich einem feinen Teppich. Der Mandelblüte zu Ehren feiert die Gemeinde Gimmeldingen alljährlich das erste große Weinfest der Pfalz. Weinfest in der Pfalz heißt fröhliches, ungezwungenes Treiben auf den Straßen, in den Winzerhöfen oder in Restaurants und es sich bei gemeinsamen Essen und Trinken mit Gästen aus nah und fern gut gehen lassen. Bezeichnend für die Pfalz ist auch ein generationenübergreifendes Miteinander und hohes entgegengebrachtes Vertrauen. Hängt dies etwa mit der Vergangenheit eines Landes zusammen, das allzu oft geteilt, besetzt und umkämpft war? Es lässt lediglich die Vermutung zu, dass dieser Zusammenhalt bereits von den Ahnen verinnerlicht, vorgelebt und über die Generationen hinweg, einer unsichtbaren Flamme gleich, immer weitergetragen wird. Werte, die es zu bewahren gilt. Setzen sie doch gleichfalls klare Zeichen und eine verantwortungsvolle Befähigung für eine offene Nachbarschaft und Toleranz gegenüber anderen Ländern unserer Erde.

Zur Vorderpfalz gehören der Landkreis Bad Dürkheim, Stadt Frankenthal, der Rhein-Pfalz-Kreis, Stadt Ludwigshafen am Rhein, Stadt Neustadt an der Weinstraße und eine der ältesten Städte Deutschlands: Speyer! Hier am Rhein, in der Dom- und Kaiserstadt, wo einst auch Edith Stein viele Jahre lang lebte und unterrichtete, in einer Stadt mit vielen Sehenswürdigkeiten möchten wir unsere Reise beginnen. Flanieren Sie entlang der prächtigen Maximilianstraße und besichtigen Sie unter anderem den Dom, der im Jahr 1981 wegen seiner historischen und architektonischen Bedeutung von der UNESCO in die Liste des Kultur- und Naturerbes aufgenommen wurde, das Historische Museum und das beeindruckende 55 Meter hohe Altpörtel, einst das westliche Stadttor Speyers. Gönnen Sie sich, bevor Sie weiterfahren, eine ausgiebige Verschnaufpause am Rheinufer. Wenn Sie mit Kindern unterwegs sind, sollten Sie einen Besuch im Technik Museum einplanen.

Nirgendwo sonst wird pfalzweit so viel Gemüse angebaut wie im Gemüsegarten des Rhein-Pfalz-Kreises. Unter anderem ist die Region berühmt für königlichen Spargel und: Wenn die nahende Zwiebelernte bevorsteht, ist schon von der Autobahn

Eine Elwedritsche auf dem Marktplatz in Neustadt (oben), an der Römerkelter in Ungstein (unten) und das Hambacher Schloss (rechts).

aus der würzige Duft zu schnuppern. Natürlich gibt es auch Pälzer Grumbeere. Viel Wissenswertes über Sortenvielfalt, Herkunft, Anbau und Verwendungsmöglichkeiten erfahren Sie im Deutschen Kartoffelmuseum in Fußgönnheim.

Zu einem Ihrer Lieblingsplätze könnte sich der Ungeheuersee in Weisenheim am Berg entwickeln, um den sich so manche Legende rankt. Bereits im Mittelalter als Viehtränke genutzt, liegt er im einzigen Hochmoor der Pfalz. Durch seine einzigartige Flora am Ufer und auf schwimmenden Inseln wurde er 1930 zum Naturdenkmal erhoben. Gefallen wird Ihnen auch das mittelalterliche Städtchen Freinsheim, das bereits 773 in urkundlichen Aufzeichnungen des elsässischen Benediktinerklosters Weißenburg Erwähnung fand. Genießen Sie die barocke Altstadt.

Zum ausgiebigen Wandern und Erleben lädt beispielsweise der Pfälzer Weinsteig ein. Beginnend in Neuleiningen an der nördlichen Haardt, entführt er Sie bis hinunter nach Schweigen in die sagenhafte, abwechslungsreiche, spannende und romantische Welt der Pfalz. Vergessen sollten Sie neben festem Schuhwerk jedoch nie einen guten Wein im Rucksack – denn wandern macht bekanntlich durstig …

Im Herzen des schönen Neustadt an der Weinstraße mit seinem Wahrzeichen, der Stiftskirche mit der größten Gussstahlglocke der Welt, die Sie sich bei atemberaubenden Turmbesteigungen von der Nähe aus betrachten können, möchte ich für heute langsam zum Ende hin kommen. Erwähnt sein soll auf jeden Fall noch das alljährlich stattfindende Deutsche Weinlesefest mit dem großen Winzerfestumzug sowie der Kultur- und Veranstaltungsort Saalbau, den die Neustadter liebevoll ihre „Gute Stube" nennen. Wie viele gekrönte Häupter bezaubernder Pfälzischer Weinköniginnen oder Deutscher Weinköniginnen anlässlich großer Krönungsfeierlichkeiten er wohl schon gesehen hat?

Die Saline in Bad Dürkheim.

EIN GUTES STÜCK HEIMAT
Bei Martina Esposito

Im Edelweinort Bockenheim, dem „Tor zur Pfalz", haben sich mit ihrem Landgasthaus Zur Traube Martina und Alfonso Esposito, er ist auch Inhaber des Restaurants Venus in Grünstadt, ihren „Traum auf Zukunft" erfüllt. Herzliche, gepflegte Gastlichkeit umfängt Sie im Restaurant mit seinen leuchtenden Rottönen, früher der Kuhstall eines landwirtschaftlichen Anwesens. Martina Esposito hat seit 2009 das „Kochlöffelzepter" übernommen. Die Speisen bereitet sie frisch nach der Bestellung zu und bringt sie schön serviert auf die Teller.

„Meine Gäste sollen sich fühlen wie bei Mutti", sagt die Chefin, die von einer „lieben Servicekraft" und einer „fleißigen Küchenhilfe" unterstützt wird. Sie verrät die Highlights aus ihrer guten deutschen und mediterran angehauchten Küche. „Besonders gern gegessen werden mein Rumpsteak, der Tafelspitz und die Leber, beides vom Kalb; momentan ist aber auch Backfisch sehr begehrt." Einheimische schätzen das Landgasthaus und feiern hier Familienfeste. Es erwarten Sie Arrangements mit stilvoll eingedeckten Tischen und entzückend gestaltetem Blumenschmuck. Beliebt sind auch romantische Abende bei Kerzenschein, leckerem Wein und einem feinen Menü.

Bereits 2008 hat Martina Esposito ihre großzügigen Gästeapartments in Betrieb genommen. Mit vier Sternen zertifiziert, bieten diese viel Wohlgefühl und eignen sich, bedingt durch eine Küchenzeile, auch für kleine Familien oder einen längeren Pfalz-Urlaub bestens. Hier durfte Martina Esposito auch schon „Gäste aus aller Welt" begrüßen. Reisende aus Amerika, ein indischer Geschäftsmann und natürlich viele unserer europäischen Nachbarn. Pensionsgäste bekommen das Frühstück, ganz individuell, auf verlockend garnierten Platten am Tisch serviert.

Der große, blühende Sommergarten im Landgasthaus ist in den schönen Monaten des Jahres ein absolutes Muss. Genießen Sie unter alten, schattenspendenden Bäumen und inmitten der farbenprächtigen Blumen- und Pflanzenwelt ein köstliches Abendessen und bewundern Sie bei ausgewählten Getränken den weiten, klaren Sternenhimmel.

REZEPT SEITE 196

LANDGASTHAUS ZUR TRAUBE
Weinstraße 82
67278 Bockenheim
Telefon 0 63 59 / 43 07
www.zur-traube-das-landgasthaus.de

QUALITÄT HAT IMMER SAISON
Die Pfälzer Markthalle

PFÄLZER MARKTHALLE
Ingrid und Dieter Schäfer
Ferdinand-Porsche-Straße 13
67269 Grünstadt
Telefon 0 63 59 / 80 16 40
www.pfaelzer-markthalle.de

Sie sind die „Pfälzer Spitze" ihres Metiers. Ingrid und Dieter Schäfers Namen stehen für hohe Qualität, Frische, gesunden Genuss, Kompetenz und Kundenzufriedenheit. Ihr Fundament, das auf der eisernen Liebe zum Produkt basiert, wirkt wie eine Festung. „Keine Arbeit ist und war uns zu viel", bestätigen sie, dazu kommt eine kompromisslose Qualitätssicherung, verbunden mit verlässlichen wie auch bei den Kunden anerkannt beliebten und qualifizierten Mitarbeitern – ein Zenit als Erfolgsrezept gesehen.

In einem Einzugsgebiet von 150 Kilometern beliefern die ausgezeichneten „Mutmacher der Nation" seit 25 Jahren Hotels und Gastronomie, Gourmet- und Sterne-Küchen, kleinere Betriebe, Kitas und Seniorenheime. „Der Kunde ist König und wir wissen, bedingt durch unsere gastronomische Ausbildung, welches Produkt für ihn geeignet ist und wie er es am besten verarbeitet. Täglich halten wir ein Komplettsortiment an Obst, Gemüse und Salaten unserer Region wie auch von zertifizierten Lieferanten innerhalb Europas und aus Übersee bereit", führt Dieter Schäfer aus. Im hygienischen Umfeld der hauseigenen Produktion bereiten fachkundige Mitarbeiter in Handarbeit küchenfertige Salatmischungen, geschnittene Früchte sowie Gemüsegarnituren, etwa für Bankette anspruchsvoller Kunden, zu.

„Wir behandeln unsere empfindsamen Lebensmittel mit Achtung, hinzu kommt der Vorteil kurzer Wege zu heimischen Erzeugern", erzählt Ingrid Schäfer. Ihr und ihrem Ehemann ist es ein besonderes Anliegen, jeden noch so außergewöhnlichen Kundenwunsch zu erfüllen. „Wenn es einer beibringen kann, dann die Pfälzer Markthalle", so ihr bekannt guter Ruf. Was soll es denn bei Ihnen sein? Roter Feldsalat, bunte Karotten, die an Inhaltsstoffen so wertvolle Aloe Vera, die kleinsten Tomaten der Welt, Wildspargel aus Frankreich, die am Meer der Normandie angebauten La Bonnotte Kartoffeln oder Buddhas Hand? Ingrid Schäfer geht auch gerne raus ins Feld, etwa um frische Brennnesselblätter zu pflücken oder um Holunder zu ernten. Hand drauf: Wir sind für Sie da – Ihre Pfälzer Markthalle!

100 PROZENT HANDGEMACHT
Zur rechten Zeit am rechten Ort

Laumersheim war als Weinbaugemeinde, als Luitmaresheim, schon Mitte des 8. Jahrhunderts urkundlich erwähnt. Ehe der Vater von Philipp Kuhn 1954 sich ausschließlich dem Weinbau widmete, führten er und seine Vorfahren einen traditionellen, landwirtschaftlichen Mischbetrieb. Das Weingut ist ein klassischer Familienbetrieb und entsprechend groß ist das Vertrauen, das Vater und Sohn verbindet. 1992 übernahm der 20 Jahre junge Winzer Philipp Kuhn das Weingut und strukturierte den Betrieb mit Weitsicht um. Erwähnenswert ist sein frühes Feingefühl für große Weine. Mit 16 Jahren überzeugte er bereits mit der Idee, in der ältesten und berühmtesten Laumersheimer Lage, Kirschgarten, Spätburgunderreben anzubauen. National und international mit hoher Anerkennung bewertet, überzeugt dieser Pinot Noir mit enormer Dichte, burgundischer Eleganz und intensiver Fruchtnote.

Philipp Kuhns Fundament sind seine Weinberge, die auf sehr vielfältigen Böden gedeihen. Markante Bodenstrukturen finden sich besonders in der Großen Gewächs Lage Laumersheimer Steinbuckel. Kalkreicher, mit Dolomitgestein durchsetzter Mergelboden prägt dieses Terroir, in dem sich auch seine älteste Riesling-Anlage befindet. Durch den Kalkstein erhält man sehr mineralische Weine mit gut eingebundener Säure; unverwechselbar würzige Geschmacksnoten vereinen sich mit gelben, saftigen Fruchtkomponenten. Was Philipp Kuhn ausmacht, ist eine konsequente, naturnahe Handarbeit im Weinberg wie im Keller; auch hier wird der Reifeprozess nicht gestört. Schwerpunktmäßig baut er bei den Weißweinen Riesling, Burgunder, Sauvignon Blanc und Chardonnay an. An Rotweinen dominieren Spätburgunder, Cabernet Sauvignon, Sankt Laurent und Blaufränkisch. Alles trocken!

In den letzten 20 Jahren stieg der Pfälzer Wein wieder zum KULTurgetränk auf. Das ist mit ein Verdienst von Philipp Kuhn. Mittlerweile werden seine Weine auch in Skandinavien, Holland, den USA und der Schweiz gewürdigt. Fragt man ihn nach einem besonderen Wunsch, erklärt er: „Pfälzer Weine sollen vom Renommee wieder dahin, wo sie einst waren, und zu den besten und angesehensten Weinen der Welt gehören!"

WEINGUT PHILIPP KUHN
Großkarlbacher Straße 20
67229 Laumersheim
Telefon 0 62 38 / 6 56
www.weingut-philipp-kuhn.de

MIR TRÄUMT, ICH WÄR' AUF IBIZA
Temperamentvoll und entspannt

„Willkommen auf der Sonnenseite des Lebens" heißen Sie Kirsten und Can Parmakerli in ihrem Café Solo. Nach langjährigem Ibiza-Aufenthalt kehrten sie mit den Söhnen vor sieben Jahren in die Heimat zurück. In Spanien war Can Parmakerli als Bauträger tätig; Ehefrau Kirsten gestaltete als kreativer Kopf Inneneinrichtungen. „Hier fing alles an mit dem Verkauf von historischen Baumaterialien aus Spanien", erzählt Kirsten Parmakerli. „Das prächtige alte Anwesen mit dem verheißungsvollen Innenhof zog Besucher magisch an und viele fragten, ob wir auch Kaffee und Kuchen anbieten. Zuerst öffneten wir zu Veranstaltungen im Ort und Mutter backte. Alles Weitere kam von selbst – es war wie ein Boom!"

Für die Jungen, die nicht aus Ibiza wegwollten, baute Can Parmakerli im mirakulösen Garten einen Pool und brachte damit den Lebensstil „Vamos a la Playa" nach Weisenheim am Berg. Chillen Sie bei Drinks, regionalen Weinen, italienischen Kaffeespezialitäten oder einem Chai Latte am türkisblauen Wasser oder kuscheln Sie in verträumten Lauben. Genießen Sie köstliche Snacks wie belegte Bocadillo und Panini, Flammkuchen, Quiche lorraine und hausgemachte Torten- und Kuchenspezialitäten. Im pittoresken Café erwarten Sie feminine Räumlichkeiten. Pastelltöne verleihen ländliche Gemütlichkeit und lebensfrohe Eleganz – der Platz für vollendeten Frühstücksgenuss, serviert auf der Etagere.

Besuchen Sie la Tienda im Sandsteingemäuer. In der oberen Etage findet die modebewusste Dame trendige Kleidung mit außergewöhnlichen Utensilien und vielen Unikaten. Im Parterre bezaubern extravagante Wohnideen, wie Aladinlampen, Antikes und Geschenke. Mediterrane Pflanzen werden im Hofgarten zum Verkauf angeboten. Sonntags serviert das gute Laune verbreitende Team um Familie Parmakerli das kulinarische Sonntagsfrühstücksbuffet und am letzten Freitag eines jeden Monats spielt die Hausband auf zum Jazzabend. Alljährlicher Sommerhöhepunkt ist die spanische Nacht mit Paella, Tapas, Musik, Kunst und Kultur. Das Fest der Sonne – feiern Sie mit!

CAFÉ SOLO
Hauptstraße 49
67273 Weisenheim am Berg
Telefon 0 63 53 / 95 93 49
www.cafésolo.de

WAS DAS HERZ BEGEHRT
Kulturerbe in Freinsheim

Im historischen Anwesen der Gründerzeit, dem ehemaligen Hof der Winzerfamilie Schick-Lehmann-Hilgard, entdecken Sie einen Edelstein architektonischer Meisterleistung. Unter der Federführung von Claudia Schick gelang es, alte Werte zu bewahren und diese mit modernem Design zu übergreifender Harmonie zu verbinden. Unwiderstehlicher Charme empfängt Sie schon im Innenhof. Lichtpunkte verleihen urigem Kopfsteinpflaster Romantik. Hier gedeiht Erholung; lässt sich doch in der Stille lediglich fröhliches Vogelgezwitscher vernehmen. Ideal gleichermaßen für Urlauber sowie für Reisende, die nach einem anstrengenden Tag zur Ruhe kommen möchten. Im Ambiente des lichten Tagungsraumes lassen sich Ideen für gewinnbringende Geschäftsverbindungen gestalten. Genießen Sie und Ihre Partner in den Pausen ein feines Mittagsbuffet und leckeren hausgebackenen Kuchen.

Der wunderschöne Hotelbereich besticht mit klarer Formgebung. Jedes der luxuriösen Zimmer ist einmalig gestaltet und wartet mit warmen Farben auf. Genießen Sie Großzügigkeit und Eleganz in den Duschräumen. Beliebt ist das herrschaftliche Zimmer mit beheizbarem Wasserbett und direktem Zugang zur sonnigen Gewürztraminerloge. In der kleinen Bibliothek finden Sie ausgesuchte Bücher. Sympathisch und herzlich empfangen Sie Claudia Schick und ihre engagierte Mannschaft, wenn Sie sich nach erholsamer Nacht mit Herzenslust am Frühstücksbuffet, das keine Wünsche offenlässt, bedienen.

Donnerstagabends öffnet die Weinbar. Genießen Sie bei kleinen Leckereien die Köstlichkeiten des Familienweingutes Weinkeller Schick in Weisenheim am Sand. Mit besonderen Arrangements, wie Literaturulauben, führt Claudia Schick ihre Gäste durch das Jahr. Darüber hinaus kann der Altstadthof auch für Ihre Familienfeste gebucht werden.

Schließen Sie für einen Moment die Augen und träumen Sie sich in einen nachtblauen Sommerhimmel im Altstadthof. Sie sitzen im Liegestuhl und halten ein Glas noblen Weißburgunder in den Händen. Blicken Sie nun auf und stellen Sie fest, dass Sie nicht geträumt, sondern unter einem von Sternen übersäten Himmel vor Glück und Freude nur ein bisschen geschlafen haben …

ALTSTADTHOF FREINSHEIM
Hauptstraße 27
67251 Freinsheim
Telefon 0 63 53 / 93 22 50
www.altstadthof-freinsheim.de

WEINREICH – WEINSTUBE & GÄSTEZIMMER
Hauptstraße 25
67251 Freinsheim
Telefon 0 63 53 / 95 98 6 40
www.weinstube-weinreich.de

POESIE DER SINNE
Kulinarik trifft Fantasie

Weinheimers – „echte Pfälzer, in der Heimat verwurzelt und die Welt erkundet". Nach Wanderjahren in Feinschmeckerhäusern heißen Sie Henning und Jeanette Weinheimer seit Juni 2012 in ihrem WEINreich herzlich willkommen. Inmitten des mittelalterlichen Städtchens Freinsheim fand das Ehepaar sein eigenes Domizil und erfüllte sich damit einen über viele Jahre gehegten Wunsch.

Den rebenumrankten Innenhof schmücken in den Sommermonaten weiße Lampions und versprühen beschwingte Leichtigkeit. Mit modernem Charme, klassischer Gemütlichkeit und quirliger Lebendigkeit überzeugen Weinstube und Restaurant mit geradlinigem Design, wohl akzentuierter Beleuchtung und in den Farben der Weine. Weiß, Bernsteinfarben und leuchtendes Purpurrot werden zur wahren Sinnenfreude. Eine fantasievolle Reise entlang der Südlichen Weinstraße ermöglicht dem Betrachter eine auf die Stuckdecke der Gaststube gemalte Landkarte. Finden Sie Ihren Wein aus einem umfangreichen Angebot, von Ihrer Gastgeberin Jeanette Weinheimer fachkundig empfohlen und serviert; fühlen Sie sich rundherum wohl!

Obwohl bei Sternekoch Karl-Emil Kunz ausgebildet, ist Chefkoch Henning Weinheimer ein Verfechter der ursprünglich regionalen Küche auf Basis hochwertiger Produkte. Mit viel Kreativität gibt er seinen Kompositionen Namen wie „Ziege auf der Wiese", „Grüße aus Down Under" oder die „Heiligen". Des Pfälzers Leibspeisen nicht aus den Augen verlierend, bereitet er auf Wunsch auch schmackhafte Sonntagsbraten zu. Aus dem abwechslungsreichen Veranstaltungsangebot sind die Freinsheimer Winzerstammtische im WEINreich besonders beliebt. Dahinter verstecken sich kulinarische Weinproben auf höchstem Niveau, die den Gästen direkte Kontakte zu „ihren Winzern" ermöglichen.

Individuelle Gästezimmer und eine traumhafte Suite laden zum Entspannen und Erholen ein. Beim Frühstück am nächsten Morgen lassen Sie es sich so richtig gut gehen. Der Geheimtipp – die hausgemachte Marmelade, gekocht aus aromatischen Früchten des heimischen Gartens der Eltern Weinheimer …

REZEPT SEITE 188

MODERNE UMARMT TRADITION
Im Weinhaus Henninger

Der Spitzenweineinzellage, dem Kallstadter Saumagen, zu Füßen liegend, befindet sich seit 1615 das von der Winzerfamilie Henninger erbaute Anwesen, das zu den ältesten Gasthäusern der Pfalz zählt. Bekannt wurde es durch seine berühmte Wirtin Luise Henninger, die den gebratenen Saumagen publik machte. Berühmte Persönlichkeiten wie die Fußballweltmeister von 1954 und die britische Königin Elisabeth II. kehrten hier einst ein. 2010 verkaufte Luises Enkel Walter Henninger den Betrieb an Jochen Lampert, der heute, unterstützt von Geschäftsführer Christian Jegensdorf, die Geschicke im Henninger leitet.

2012 wurde das Kleinod generalsaniert und um ein exquisites Landhotel mit Komfortzimmern und Suiten erweitert. Mit hochwertigem, individuellstem Interieur ausgestattet, überzeugt es mit zurückhaltendem Luxus und einer eleganten, lebendigen Leichtigkeit.

Im Restaurant erleben Sie zeitlose Geborgenheit mit vollendet eingedeckten Tischen. Es sind mit Frohsinn erfüllende besondere Räume, die voller Emotion das Leben der Pfalz von gestern und heute erzählen. Das historische Sandsteingewölbe mit seinen modernen Akzenten eignet sich für rauschende Feste und stilvolle Veranstaltungen. Im Sommer sollten Sie Henningers Garten Eden, eine der schönsten Freiluftadressen der Pfalz, genießen. Den Spagat zwischen traditionsreicher und moderner Küche schafft das Team um Küchenchef Tommy Walter auf höchstem Niveau. Pfälzer Leibspeisen und beliebte Klassiker wie das legendäre Wiener Schnitzel mit lauwarmem Kartoffelsalat ergänzt Tommy Walter mit feinen Spezialitäten, wie einem aromatischen Ossobuco „Mailänder Art" mit Rosmarinpolenta-Muffin, aus besten Produkten von meist regionaler Herkunft.

Das Weinhaus Henninger bietet 13 Zimmer in Vier-Sterne-Qualität; aber mit dem nur wenige Schritte entfernt liegenden Hotel Weinkastell Zum Weißen Ross, das als Dependance gepachtet wurde, können 14 weitere Zimmer in gehobener Drei-Sterne-Qualität angeboten werden. Somit verfügt das Haus über insgesamt 53 Betten. Ihnen einen schönen Pfalzurlaub …

REZEPT SEITE 184

WEINHAUS HENNINGER
Weinstraße 93
67169 Kallstadt
Telefon 0 63 22 / 22 77
www.weinhaus-henninger.de

GESCHWISTERLICH VERBUNDEN
Jan-Peter van der Laan schreibt Geschichte

Für Menschen, die das Außergewöhnliche lieben, ist das Hotel und Restaurant Annaberg in Bad Dürkheim schon längst viel mehr als ein Geheimtipp. Im innigen Flirt mit der Natur bietet das denkmalgeschützte Anwesen stilvolle Persönlichkeit. Beflügelt von der Motivation, Gästen in zwei Häusern das besondere Gefühl zu vermitteln, stellte Betreiber Jan-Peter van der Laan im Frühling seinem Annaberg das schicke 1514 Boutique Hotel Freinsheim zur Seite.

Pittoresk gelegen, verführt Hotel Restaurant Annaberg Erholungssuchende, Genussliebhaber und Wanderer zum Einkehren. In einem Hause, das geradezu prädestiniert ist zum Durchatmen, Genießen und Entspannen, verwöhnt Sie das Team um Jan-Peter van der Laan in exklusiven Räumlichkeiten, im schattigen Innenhof oder dem stillen Park mit fein abgestimmter „pfälzösischer" Küche. Dem leidenschaftlichen Rosenzüchter und Hobbymaler ist es ein hohes Anliegen, beiden Häusern einmaligen Wiedererkennungswert zu verleihen. So tragen die komfortablen Gästezimmer und Suiten im Hotelbereich des Annabergs Namen regionaler Winzer, deren köstliche Tropfen es zu kosten gilt.

Im mittelalterlichen Freinsheim hat Jan-Peter van der Laan im April 2014 das 1514 Boutique Hotel mit Restaurant und prächtigem Innenhof eröffnet. „Als Gastronomen übernehmen wir Verantwortung für unser Tun", sagt er. Für ihn und sein Team vor Ort ist es zum Beispiel ein Selbstverständnis, dass für die wunderbaren Fischgerichte, die Ihnen eine erlesene Speisekarte offeriert, ausschließlich Arten eingekauft und zubereitet werden, die nicht bedroht sind. So verspricht das gedämpfte Hechtfilet auf Gemüsecapellini an Kerbel höchsten Genuss mit bestem Gewissen. Das 1514 Hotel Freinsheim heißt seine Gäste in modernen Räumen mit persönlichem Profil und zeitloser Schönheit herzlich willkommen. Ankommen und einander mit einem exzellenten Winzersekt zuprosten. Auf Ihre Tage im Hotel Restaurant Annaberg oder im 1514 Boutique Hotel …

HOTEL ANNABERG
Annabergstraße 1
67098 Bad Dürkheim
Telefon 06322/94000
www.hotel-annaberg.com

1514 HOTEL FREINSHEIM
Hauptstraße 29
67251 Freinsheim
Telefon 06353/5058410
www.1514-freinsheim.com

Das Eisentor in Freinsheim.

IHRE HAUT: SPIEGEL IHRER SEELE
Zwei Experten im Einsatz für Ihr Wohlergehen

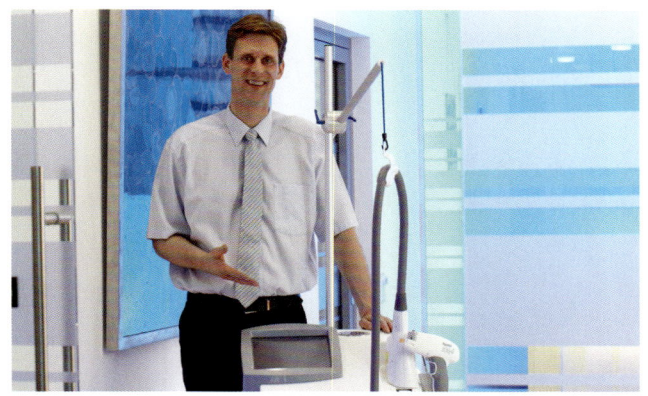

Alltagsstress, Umweltbelastungen und ungesunde Ernährung hinterlassen Tag für Tag Spuren auf Ihrer Haut. UV-Strahlen lassen die Zahl der Hautkrebserkrankungen steigen und viele Stoffe, mit denen Sie täglich Kontakt haben, lösen Allergien aus. Ihre Haut verrät viel über Sie, aber so verräterisch muss sie nicht sein …

In Bad Dürkheim kooperieren in der Fronhofklinik zwei Experten für die Behandlung Ihrer Hautprobleme: Fr. Chrispens, staatl. anerkannte Kosmetikerin, leitet das Kosmetikinstitut im Fronhof. PD Dr. Koenen, Facharzt für Dermatologie und Chirurgie, behandelt in seiner Praxis alle Hauterkrankungen und führt notwendige Operationen, darunter auch viele ästhetisch-korrektive, durch.

Die enge Kooperation von Kosmetikerin und Dermatologen bietet für Sie als Patienten viele Vorteile: Abgestimmte Konzepte und Pflegeprodukte von Skinceuticals®, basierend auf wissenschaftlicher Forschung mit hochkonzentrierten Wirkstoffen und Antioxidantien, decken das komplette Feld von Prävention bis Therapie ab. Der fachliche Austausch sichert die umfassende ganzheitliche Betreuung zum Vorteil der Patienten: Prävention, Behandlung, Operation und Nachsorge aus einem Guss.

Die modernen und elegant eingerichteten Räumlichkeiten bieten alles, was eine moderne Hautarztpraxis und ein professionelles Kosmetikinstitut benötigen. Sechs Laser der neuesten Generation decken das Spektrum von Faltenbehandlung über Pigmentflecken und Gefäßbehandlung bis zur dauerhaften Haarentfernung ab. Mit Kaltlichtlaser, Sauerstofftherapie und Hautanalysegeräten ist auch das Kosmetikinstitut breit aufgestellt, Filler- und Botox-Behandlungen runden das Bild ab.

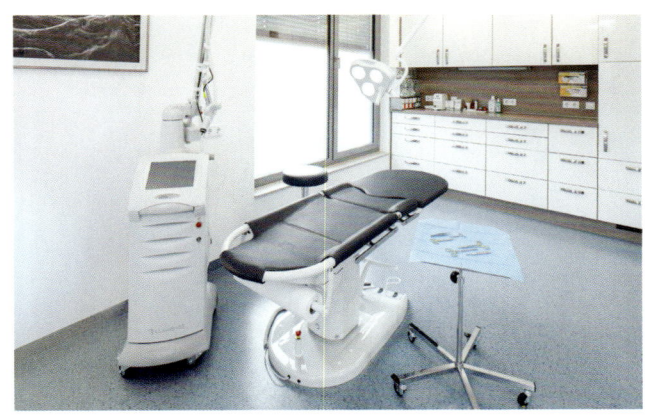

Fr. Chrispens und Dr. Koenen leben die enge Kooperation mit Begeisterung: Der Unterschied zwischen gut versorgt und richtig gut aufgehoben sein lässt sich nicht immer in Worte fassen. Aber was von Herzen kommt, das geht zu Herzen, so das Credo der beiden.

DERMATOLOGIE IM FRONHOF
Praxis für Dermatologie und Venerologie
Fronhofallee 1
67098 Bad Dürkheim
Telefon 0 63 22 / 22 66
www.drkoenen.de

KOSMETIKINSTITUT IM FRONHOF
Institut für Med. Kosmetik und Ästhetik
Fronhofallee 1
67098 Bad Dürkheim
Telefon 0 63 22 / 9 59 82 30
www.kosmetik-im-fronhof.de

EINMALIG UND CHARAKTERVOLL
Schmuckstücke von Stefan Diemer

Mit Leib und Seele ist Stefan Diemer seit über drei Jahrzehnten Goldschmied. In jugendlichen Jahren wollte er einst das Handwerk des Kunstschreiners erlernen, begeisterte sich aber während eines Praktikums mehr und mehr für das künstlerisch fantasievolle Schaffen des Goldschmiedes und absolvierte daraufhin seine Ausbildung in einem der ältesten Berufe des Metallhandwerks.

Hinter denkmalgeschützten Mauern der ehemaligen Weinstube Bartelt ist im Oktober 2006 die Heimat für Stefan Diemers Goldschmiede mit Werkstatt und Verkaufsraum entstanden. Wer an der Fassade des Hauses vergeblich nach einem Schaufenster Ausschau hält, wird vielleicht verunsichert sein; dieses Gefühl hält allerdings nicht lange an. Es ist schon ein besonderes Flair, das den anspruchsvollen wie neugierigen Besucher beim Betreten des einstigen Wirtsraumes empfängt. Vielleicht fällt zuerst einmal der Wandbrunnen mit dem markanten Löwenkopf ins Auge; wohltuend gleichmäßig fließt aus dessen geöffnetem Maul das Wasser. Im entspannten Ambiente ist der Besucher eingeladen, das erlesene Innenleben der gusseisernen Wandvitrinen zu erkunden. Individuelle Goldschmiedekunst, angefertigt von Stefan Diemer. Edle Metalle, ab 750/000 Karat Gold und Silber, oft gekrönt mit behutsam ausgewählten zartschimmernden Edelsteinen, perfekt verarbeitet und kreiert. Unikate für die Ewigkeit, „Schmuckstücke für die Seele", an denen sich ihre Besitzer ein Leben lang erfreuen. Natürlich fertigt Stefan Diemer auch Arbeiten nach Wünschen seiner Kunden an, die aus nah und fern zu ihm kommen.

Als Meilenstein auf seinem Weg bezeichnet Stefan Diemer dankbar die Zusammenarbeit mit Eberhard Dechow aus Ludwigshafen. Für dessen Schmuckgalerie war er zehn Jahre lang als freier Mitarbeiter tätig. „Hier habe ich viel in Sachen Kreativität und Formfindung gelernt", so Stefan Diemer wörtlich.

„Schmiede dein Glück!" Dazu fordern die Schmuck-Kurse auf, die in Stefan Diemers Werkstatt regelmäßig stattfinden. Anhand von Grundtechniken fertigen interessierte Damen und Herren in den gemütlichen Werkstatträumen und unter fachkundiger Leitung selbstkreierte Schmuckstücke an.

GOLDSCHMIEDE
Stefan Diemer
Obermarkt 6
67098 Bad Dürkheim
Telefon 0 63 22 / 95 56 36
www.goldschmiede-diemer.de

SCHLEMMEN IM BACH-MAYER
Den Genuss im Gedächtnis

Bad Dürkheims Herz; beschaulich fließt die Isenach. Hier, in der Gerberstraße, feierten vor über 100 Jahren die Fürsten zu Leiningen ihren erfolgreichen Jagdausgang. Später dann, als der Pfälzer Hochadel 1794 von Kaiser Napoleon Bonaparte vertrieben war, richteten die Bad Dürkheimer im Jagdhaus eine Weinstube ein.

Angelangt bei der Pforte zum Traditionshaus Bach-Mayer, fällt eindrucksvoll das Rokoko-Portal aus dem 18. Jahrhundert ins Auge. Im Inneren des Anwesens begleitet den Gast leuchtender Kerzenschein auf seinem Weg. In der Stube selbst ist es gelungen, Bänke und Tische aus der Anfangszeit zu erhalten; sie strahlen all ihre stilvolle Würde aus. An der Wand Bilder der Bad Dürkheimer Winzer, die den Werdegang das Hauses beeinflussten. Am gemütlichen Kachelofen und umgeben von passend gewählten altrosa Kissen lässt es sich wunderbar sitzen, entspannt plaudern, die Zeit vergessen und vor allen Dingen schlemmen.

Einkehren bei Carsten di Lorenzi. Als Inhaber und Küchenchef verwöhnt er seine Gäste mit feiner, unverfälschter Kochkunst. Die gutbürgerliche Wirtshausküche bietet auch höchst geschmackvolle österreichische und fränkische Akzente. „Überzeugen", sagt er, „muss mich vor allen Dingen das frische Produkt, nur dann findet es sich in meiner Küche wieder." Die Speisekarte, sie wechselt alle drei bis vier Wochen, ist klar und übersichtlich gehalten. Himmlische Köstlichkeiten, denen keiner widerstehen kann. Probieren Sie unbedingt den Nori-Lachs. Carsten di Lorenzi umgibt ihn, einem zarten Blütenkranz gleich, mit Würfelchen von Roter Bete und aromatischen Wildkräutern. Unvergessen im Mund ein herausragendes Dressing im Feldsalat mit eingelegtem Kürbis.

Ein Idyll ist der Garten im Bach-Mayer. Bei gutem Wetter können Sie sich hier Erholung gönnen, speisen und den leckeren Wein von Bad Dürkheimer Spitzenwinzern genießen. Bestimmt finden Sie auf der Weinkarte Ihren Favoriten. Als Frau vom Fach betreut Sie Restaurantleiterin Daniela Bertram mit einer natürlich-liebenswerten Art. Kommen Sie in den Vorzug einer aufrichtigen Gastlichkeit.

REZEPT SEITE 193

WEINSTUBE BACH-MAYER
Carsten di Lorenzi
Gerberstraße 13
67098 Bad Dürkheim
Telefon 0 63 22 / 92 12 0
www.bach-mayer.de

WEINGUT & GÄSTEHAUS ALTSTADT-RESIDENZ
Familie Manz
Weinstraße 34
67157 Wachenheim
Telefon 0 63 22 / 20 01
www.weingut-manz.de

IM RHYTHMUS DER ZEIT
Fortschritt verwirklichen

Die Geschichte der Weinbaufamilie Manz ist über 100 Jahre alt. So lange wird der Weinbau im Haupterwerb betrieben. Diese Tradition sieht man im Hause Manz auch als Philosophie, stets mit den Ansprüchen der Zeit zu gehen. Mit leuchtenden Augen erzählt Markus Manz, dass für ihn nie ein anderer Beruf als der des Winzers in Frage kam. Es war der Großvater, den er schon in früher Kindheit in den Wingert begleitete, der ihm vieles mitgegeben und gelehrt hat. Heute sitzt man in der modernen, hellen Vinothek und genießt beste Tropfen.

Auf fruchtbaren Böden bewirtschaftet die Familie eine Fläche von 15 Hektar. Die Hauptrebsorte ist Riesling. Hervorzuheben ist die aktuelle Auszeichnung 2014 mit einer Goldmedaille von der Landwirtschaftskammer für eine Spätburgunder Auslese trocken, Jahrgang 2012, aus der „Edition M". Weitere Prämierungen für hervorragende Weine erhielt die Familie Manz von Mundus Vini. „Die Edition M steht gleichbedeutend für unsere Steckenpferde", berichtet der Junior-Chef voller Begeisterung. Abgerundet wird das breitgefächerte Weinsortiment von in traditioneller Flaschengärung hergestellten Winzersekten. Daneben werden verschiedene Brände und alkoholfreier Traubensaft angeboten. Ganz unter dem Motto „das Auge trinkt mit" steht die innovative Etikettgestaltung. Als absolute Besonderheit wurde im Jahr 2013 als neue Rebsorte Chenin-blanc angebaut. Die Spannung über die Entwicklung der Reben ist hoch, zumal die Trauben eine exzellente Qualität versprechen.

Mit der Altstadt-Residenz hat Familie Manz Ende 2007 ihr Gästehaus in Betrieb genommen. Die Gäste erwartet eine Oase der Ruhe, ausgestattet mit hohem Komfort und ganz individuell mit warmen, frischen Farben gestaltet. Liebevoll umsorgt werden sie von den Damen der Familie. Der Gast sollte auf Überraschungen, wie spontane Fassproben aus verschiedenen Barriquefässern mit eingehender Kellerführung, eingestellt sein. Oder man unternimmt, mit musikalischer Begleitung eines Gitarrenspielers, eine romantische Planwagenfahrt mit Pferdegespann. Froh gestimmt geht es auf Entdeckungstour durch malerisch gelegene Weinberge.

UMSORGENDE GASTLICHKEIT
Barrierefrei und behindertengerecht

Das charmante Restaurant Luginsland ist im historischen Gebäude der Winzergenossenschaft beheimatet und verdankt seinen Namen der Weineinzellage Luginsland in Wachenheim. Gegründet wurde die Winzergenossenschaft im Jahr 1900 von ehemals 53 Weinbauern. Im Luginsland heißen Sie erfahrene Gastgeber, der langjährige Gastronom Stefan Schmidt mit Gattin Eva und ihrem kompetenten freundlichen Team, herzlich willkommen. In einer für die Pfalz typischen Winzerstube sorgt in den Wintermonaten ein zentral gelegener großer, gemütlicher Kachelofen für viel Behaglichkeit. Von hier aus gelangen Sie in das Restaurant, eingerichtet im altdeutschen Stil. Eine großzügige Tür öffnet sich zum hellen, modernen und klimatisierten Saal, der sich für Hochzeitsfeiern, Jubiläen und Veranstaltungen jeglicher Art hervorragend eignet. All diese Räumlichkeiten sind behindertengerecht und barrierefrei zu erreichen.

„Unsere Vielseitigkeit ist das, was uns auszeichnet. Bei uns kommen Feinschmecker sowie Liebhaber der klassischen Küche auf ihre Kosten", erzählt der Chef. „Eine offene Gastfreundschaft, unsere Familienfreundlichkeit – wir freuen uns sehr über unsere kleinen Gäste –, schmackhafte Gerichte und die guten, preisgekrönten Weine der Wachtenburg Winzer eG bereiten den Gästen viel Freude." Köstliche hausgemachte Maultaschen und das kross auf der Eigenhaut gebratene Zanderfilet mit feiner Kräutersoße stehen ebenso hoch in der Gästegunst wie die aromatisch herzhaften Wildspezialitäten aus heimischen Wäldern. Eine umfangreiche Speisekarte, eine wechselnde Tageskarte mit saisonalen Gerichten sowie ein wöchentlich variierendes Mittagsmenü runden das Angebot ab.

Für die Sonnenstunden steht Ihnen die Südterrasse mit einem herrlichen Blick auf die Wachtenburg, das Wahrzeichen Wachenheims, zur Verfügung. Sehr zu empfehlen ist auch das Ambiente im neu errichteten und lichtdurchfluteten Wintergarten, von dem aus Sie direkt zu einer weiteren Sommerterrasse gelangen. Freuen Sie sich auf aufmerksame Gastgeber.

RESTAURANT LUGINSLAND
Weinstraße 2
67157 Wachenheim
Telefon 0 63 22 / 86 35
www.restaurant-luginsland.de

METZGEREI
Klaus Hambel
Hintergasse 1
67157 Wachenheim
Telefon 0 63 22 / 46 13
www.metzgerei-hambel.de

DYNASTIE SAUMAGEN
Meister Hambel und sein Original

Kein anderes Gericht verbindet den Pfälzer mehr mit der Heimat als der Saumagen. Füllung und Gewürze sind verantwortlich für den Wohlgeschmack, die rechte Gartemperatur ist ausschlaggebend für das Gelingen eines prallen, glänzenden Magens, frisch aus dem heißen Kessel.

In Wachenheims stiller Hintergasse befindet sich das von außen bescheiden wirkende Reich der überregional beliebten Spezialitätenmetzgerei. Doch schon im Eingang fällt der lichtdurchflutete Arbeitsbereich auf. Die überragende gläserne Tür und das gläserne Dach vermitteln Weltoffenheit, verbunden mit Transparenz, die es erlaubt, Meister und Gesellen bei der Herstellung feinster Pfälzer Produkten zuzusehen. Durch Altkanzler Kohls Vorliebe hat Klaus Hambel einer Leibspeise zu weltweiter Anerkennung verholfen. 1977 begann er in Speyer seine Metzgerlehre. „Ich vergesse nie", sagt er, „wie wir jeden Dienstag um 9 Uhr mit den Bäckern in der Nachbarschaft frischgebackene Hefeschnecken und unsere Fleischwurst, direkt aus der Räucherkammer kommend, geteilt haben. Und wissen Sie, ein Metzger isst gerne auch mal süß."

Mit viel Herzblut hat sich Familie Hambel im Juni 2013 ihren Traum vom eigenen Restaurant verwirklicht. „Hambels"! Direkt gegenüber im altehrwürdigen, denkmalgeschützten Fachwerkhaus entstand ein liebenswertes Kleinod, in dem nicht alleine hauseigene Kreationen ihre Vollendung finden. Mit Koch Thomas Siegle konnte ein Meister seines Fachs gefunden werden. Der Schwabe sorgt mit frischen, regionalen Zutaten für einen Gaumenschmaus der besonderen Art. Unterstützt wird er von Ehefrau Alexandra, die charmant den Service leitet und in der Hauptsache köstliche Wachenheimer Weine zum Essen empfiehlt.

„Hambels" – Das Restaurant auch für besondere Events. So finden in den neuen Räumen Saumagen-Präsentationen statt. Für lukullische Genüsse und beste Unterhaltung sorgte ein Vorleseabend mit Patrick Stäbler und seinem Buch „Speisende soll man nicht aufhalten". Und kosten Sie einmal die von Thomas Siegle zubereiteten Spezialitäten; vergessen sollten Sie dabei auf gar keinen Fall den süßen Saumagen, denn Sie wissen ja – auch ein Metzger isst gerne süß.

REZEPT SEITE 187

SÜSSE JUWELEN
Perfektioniertes Handwerk in grandioser Erfüllung

Die Kandiermanufaktur Biffar in Deidesheim befasst sich seit vier Generationen mit der Verarbeitung und Veredelung von Früchten. 1890 gründete Josef Biffar das Unternehmen. Heute zeigen sich Lilli Biffar-Hirschbil und Hubert Hirschbil für die Geschicke des Hauses verantwortlich. „Gerade die Technik", erzählen sie, „hat enormen Fortschritt erfahren. Früher kandierte man die Früchte in einem kupfernen Kessel über offenem Feuer oder mit Hilfe der Sonne; heute wird sehr schonend mit der Autoklaventechnologie kandiert. Diese Technik erzeugt Unterdruck und arbeitet mit Niedrigtemperatur. Beim rein natürlichen Prozess des Kandierens wird ein Osmose-Verfahren, so wird der Austausch von Zellflüssigkeit durch eine spezielle Zuckerlösung genannt, eingesetzt. Dadurch bleiben Form, Farbe und Eigengeschmack der Früchte erhalten."

In der hochmodernen Produktionshalle wird in traditioneller Handarbeit und mit altüberlieferten Rezepturen ein reiches Angebot verführerischer Spezialitäten hergestellt. Von hier aus werden auch all die Köstlichkeiten zu namhaften Kunden aus nah und fern versandt. Speziell spielt fruchtig-scharfer Ingwer eine große Rolle. Gerne wird er auf das Feinste schokoliert. Exquisite Ingwerbrände und delikate Konfitüren erfreuen sich großer Beliebtheit. In der hellen Halle liegt ein betörender Duft, dem man sich nicht entziehen kann. Geschafft wird ausschließlich mit sorgfältig ausgewählten, makellosen Waren. Saftige Südfrüchte, aber auch wohlschmeckende Pfälzer Obstsorten und selbst grazile Blüten werden auf das Beste verarbeitet. Neu im Sortiment sind hocharomatische Erdbeeren. Europaweit als einzige Kandierer haben sich die Biffars der Veredelung von schwarzen Walnüssen und grünen Mandeln verschrieben. Mit viel Liebe handgefertigte, delikate Pralinen mit wunderbar zartem Schmelz runden ein königliches Angebot ab.

Besuchen Sie den schönen Verkaufsladen der Biffars im Hotel Deidesheimer Hof. Werden auch Sie begeisterter Liebhaber all der herrlichen Spezialitäten. Feiern Sie mit, wenn es 2015 heißt: 125 Jahre Kandiermanufaktur Biffar!

J. BIFFAR & CO. GMBH
Hubert Hirschbil und Lilli Biffar-Hirschbil
Niederkircher Straße 15
67146 Deidesheim
Telefon 0 63 26 / 96 76 0
www.biffar.com

KÖSTLICHE „KANNE"
Bei Florian Winter steht das Produkt im Mittelpunkt

GASTHAUS ZUR KANNE
Florian und Karin Winter
Weinstraße 31
67146 Deidesheim
Telefon 0 63 26 / 96 60 0
www.gasthauszurkanne.de

Deidesheim ist berühmt. Berühmt für edle Weine, für die Geißbockversteigerung und für seine sprichwörtliche Gastlichkeit. Am bekanntesten ist das Gasthaus zur Kanne. Belegbare Schriften gehen bis in das 12. Jahrhundert zurück und weisen das denkmalgeschützte Anwesen der Familien Bürklin und Brune als ältestes Gasthaus der Pfalz aus. Aus einem Pilgerhospiz der damaligen Mönche zu Eußerthal ist das Gasthaus um 1160 n. Chr. entstanden. Daran erinnern die liebevoll restaurierten, rustikalen Tische der Weinstube, auf denen ein christliches Wappen zu sehen ist. Über drei Stufen hinweg gelangt der Gast zur Geißbockstube. Sofort fällt der Blick auf den antiken, mit Fayencen geschmückten Ofen. Daneben wacht als Schutzpatron der Heilige St. Urban. Etwas separiert und mediterranen Charme ausstrahlend, die Kannenstube. Sie ist hervorragend geeignet für Empfänge und Feiern. Großzügige Flügeltüren öffnen sich direkt zum romantischen Innenhof. Und wenn die Pfalz ihr rosa Frühlingskleid trägt, beginnt die Zeit auf der beschaulichen Kannenterrasse.

In den Stuben spürt man deutlich die umsichtige Hand von Karin Winter. Als Restaurantleiterin kümmert sie sich um das Wohlbefinden der Gäste und um die Ästhetik im Hause. Bei der Auswahl der eleganten Tischwäsche und beim Anblick bezaubernder Gardinen spürt man deutlich ihren feinen Geschmack.

Schnörkellos ist die leichte, feine Küche von Ehemann Florian Winter. Beim Studium der Speisekarte kommt der Gast ins Schwelgen. „Wir sind modern, aber nicht modisch", sagt er voller Überzeugung und fügt hinzu: „Das Bewahren und Fortentwickeln von Traditionen liegt mir sehr am Herzen." Er kauft ausschließlich saisonale Produkte von hoher Qualität aus der Region oder dem näheren Umland ein. Dazu gehört, dass der Wein die Küche prägt. Überwiegend besteht die Weinkarte aus köstlich mundenden Pfälzer Tropfen. „Große, gereifte Rieslinge wie etwa die Grand Crus vom Weingut wDr. Bürklin-Wolf erleben unsere Gäste in absoluter Vollendung", sagt der Chef und lässt damit auch seine eigene Vorliebe erkennen.

REZEPT SEITE 196

Berühmte Weinlage: Das Forster Kirchenstück.

DIE PFALZ UND IHRE WEINE – AUF(S) GUTEM GRUND
Historie und Heute

Die Geschichte erzählt uns, dass mit der Eroberung Galliens und Germaniens durch die Römer um 50 vor Christus mit den Soldaten eine große Schar weinvertrauter Männer in die Pfalz kam. Fasziniert von dem mediterranen Klima und der lieblichen, sonnenverwöhnten Landschaft, begannen sie hier Weinreben zu pflanzen, die wunderbar gedeihen sollten. Bedeutungsvoll für unsere Region ist das Römische Kelterhaus auf dem Weilberg in Ungstein, das Archäologen im Zuge einer Flurbereinigung im Jahre 1981 fanden. Es ist Teil eines Landguts mit vielfältiger Bodennutzung und vermuteter Traubenherstellung. Zwischen zwei höher liegenden Traubentretbecken liegt das quadratische Mostsammelbecken, von dem aus der Most in die Fässer zur weiteren Verarbeitung gelangte. Hochinteressant ist auch, dass die im römischen Weingut Weilberg in einem Bleigefäß erhalten gebliebenen Rebsamen Rückschlüsse auf Rebsorten erlauben. So fand man unter anderem Rebsorten mit länglichem Samen, wie wir sie von Traminer, Riesling oder den Burgundern her kennen. Aufschlussreich ist auch ein Besuch im Weinmuseum der Pfalz in Speyer, wo Sie nicht nur einen römischen Winzer bei der Arbeit sehen.

Aus betriebswirtschaftlicher Sicht gesehen, entwickelten sich in den vergangenen 50 Jahren die ehemals kleinbäuerlichen Mischbetriebe mit Getreideanbau, Rüben und Viehhaltung hin zu auf Weinbau spezialisierten Betrieben. Heute ist das Anbaugebiet Pfalz nach Rheinhessen das zweitgrößte in Deutschland und weist eine Besonderheit auf: Im Gegensatz zu den anderen zwölf Weinregionen, die weit auseinandergezogen liegen, sind die Weinberge in der Pfalz als ein geschlossenes, zusammenhängendes Gebiet zu betrachten. Ihre Trauben reifen inmitten eines paradiesischen Klimas mit durchschnittlich 1 800 Sonnenstunden pro Jahr. Dieses Klima vereint sich mit hervorragenden, gesunden, vielseitigen Böden und bedingt darüber hinaus den Anbau eines reichhaltigen Lagenportfolios. Verantwortungsvolle Winzer haben sich nachhaltig höchster Qualität verschrieben, die national und international hohe Würdigung findet.

Die Pfalz ist das größte Riesling-Anbaugebiet der Welt. Spitzenrieslinge kommen aus Großen-Gewächs-Lagen der Mittelhaardt und dem nördlichen Weinanbaubereich. Weiß- und Grauburgunder sind neben den traditionellen Sorten wie Müller-Thurgau oder Silvaner zu einer festen Größe gewachsen und nicht mehr wegzudenken. Sie werden wie alle Pfälzer Weine in der Hauptsache trocken ausgebaut. Bedeutungsvoll sind allerdings auch Spitzenrotweine wie Dornfelder und Spätburgunder. Nicht zu vergessen der Portugieser, ob als Rotwein oder Weißherbst, er mundet immer. Als Besonderheit gilt der Sankt Laurent, den Winzer vorm Aussterben bewahrten. Darüber hinaus sind auch internationale Rebsorten wie Merlot, Cabernet Sauvignon, Chardonnay oder Sauvignon Blanc geschätzt und beliebt.

UNSERE PFÄLZISCHE WEINKÖNIGIN

Janina Huhn, charmante Botschafterin des Pfälzer Weines und unserer Winzer, beantwortet bei einem guten Glas Wein geduldig meine Fragen.

WIE ENTDECKTEN SIE DIE LIEBE ZUM WEIN?

Wein spielte in meinem Leben immer eine große Rolle. Durch das Studium und den damit bedingten Umzug nach Freiburg erkannte ich, dass mir hier in der Ferne etwas fehlt; zugleich gelang es mir, meine Kommilitonen für unseren Pfälzer Wein zu begeistern. Dadurch spürte ich, etwas ganz Besonderes zu haben. Mein Herz hüpfte vor Freude, wenn ich an Wochenenden in die Heimat zurückkehrte und die Weinberge mich grüßten.

WAS BEWEGTE SIE, ZUR WAHL DER PFÄLZER WEINKÖNIGIN ANZUTRETEN?

Im Augenblick der Antrittsrede im Amt der Bad Dürkheimer Weinprinzessin fühlte ich, dass dies genau das Richtige für mich ist; ein Gefühl, wie angekommen zu sein. Außerdem stehe ich gerne auf einer großen Bühne und freue mich, wenn bei den Menschen der Funken überfliegt. Auf der Suche nach Herausforderung bilde ich mich kontinuierlich für den Wein weiter. Und: Es macht mir Spaß, für unseren Wein Werbung zu machen!

WO LIEGEN IHRE PRÄSENTATIONSSCHWERPUNKTE UND WIE BEGEISTERN SIE JUNGE MENSCHEN FÜR WEIN?

Zunächst ist es mir wichtig, zu vermitteln, dass Wein und Amt als ein modernes Kulturgut wahrgenommen wird und sich beides zusammen mit der Pfalz weiterentwickelt. Das möchte ich zelebrieren. Mittlerweile ist es auch nicht mehr schwer, die junge Generation für den Wein zu begeistern. Auch hier ist das Genießen Trend. Weinkultur steht hierzulande mitten im Leben und findet, am Beispiel von Weinfesten, auch auf der Straße statt.

SIE REPRÄSENTIEREN AUCH DIE PFÄLZER MENTALITÄT. WAS IST BEZEICHNEND FÜR DIE PFÄLZER?

Ehrlichkeit! Und der Pfälzer nimmt das Leben nicht allzu ernst und bleibt recht locker. Allerdings ist er auch etwas stur und manchmal zu laut. „Pfälzer Krischer" eben! Was allerdings noch sehr positiv auffällt, ist, dass die Altersgrenzen sich hier vermischen. Jung und Alt feiern miteinander auf den Weinfesten; bezeichnend ist auch, dass viele junge Menschen hierbleiben und nicht wegziehen.

WIE LÄUFT IHR AMTSJAHR AB UND WIE KONTAKTIERT MAN SIE?

Über die Pfalzwein-Werbung in Neustadt kann man die Königin buchen. Ich werde an die 200 Termine im Jahr wahrnehmen. Heute, am frühen Morgen, war ich beim ersten Spargelstechen in Haßloch eingeladen. Alle Termine, die ich für den Pfälzer Wein wahrnehme, kennzeichne ich mit einem gemalten Krönchen. Hauptsächlich bin ich in Deutschland unterwegs; im Sommer allerdings reise ich ein paar Tage nach Venezien.

WEIN UND GUTES ESSEN GEHÖREN UNABDINGBAR ZUSAMMEN. KOCHEN SIE GERNE?

Ja natürlich, mit meinem Freund zusammen. Ich liebe unsere Keschdesupp mit einem guten Schuss Weißwein. Idealerweise trinkt man dazu einen vollmundigen, reifen Grauburgunder oder einen fruchtig-cremigen Chardonnay.

IM GELOBTEN LAND
Weingut Reichsrat von Buhl

Unternehmerin Jana Niederberger zeigte einmal mehr ein sicheres Auge, die richtige Hand und – höchst überzeugend das besondere Gefühl für eine optimale Mannschaft, die sich in Leitungspostionen nicht nur genial ergänzt, sondern mit geradezu ansteckender Begeisterung gegenseitig zu inspirieren versteht. Für mich stellt es eine Ehrensache dar, mit einem beflügelten Neubeginn zu starten; zeichnet sich doch seit dem 2013er Jahrgang eine neue Mannschaft von passionierten Weinfreaks um den neuen Geschäftsführer des Hauses Reichsrat von Buhl für die Weine eines der renommiertesten Weingüter Deutschlands verantwortlich. Richard Grosche heißt der Neue an der Spitze. Er ist es, der den langjährigen Außenbetriebsleiter Werner Sebastian und den 2013 von Champagne Bollinger gewonnenen technischen Direktor und Kellermeister Mathieu Kauffmann zu einem Team formte und beide mit dem Refugium des anderen intensiv vertraut- und bekanntmachte. 1849, als nach dem Tod Andreas Jordans die Rebflächen auf seine drei Kinder Ludwig Andreas, Josefine und Margarete verteilt wurden, gründete Franz Peter Buhl durch die Heirat mit Josefine das Weingut Buhl. Seither steht der Betrieb für seine, durch große und erste Lagen der Mittelhaardt geprägten, edlen Rieslinge. Einhergehend mit einem kompromisslosen Qualitätsversprechen verpflichten sich Richard Grosche, Mathieu Kauffmann, Werner Sebastian und das ganze Team mehr denn je einer großen Tradition.

Von Bedeutung war bereits Mitte des 19. Jahrhunderts auch auf internationaler Ebene ein hoher Bekanntheitsgrad der Weine. Buhl'schen Riesling trank man 1869 bei der offiziellen Eröffnungszeremonie des Suez-Kanals. Auch Reichskanzler Otto von Bismarck war ein Liebhaber der von-Buhl-Weine. In der Geschichte festgehalten findet sich sein Ausspruch „Dieses Ungeheuer schmeckt mir ungeheuer", wodurch die Weinlage Forster Ungeheuer weltberühmt wurde. Der erste Reichsrat und nächster Erbe war der Sohn von Franz Peter und Josefine, Franz Armand von Buhl. Durch dessen Heirat mit der Forster Winzertochter Juliane Schellhorn-Wallbillich wuchs das Weingut beträchtlich. Aus deren Ehe ging Sohn Franz Eberhard von Buhl, Gründer und Präsident des deutschen Weinbauverbandes, hervor. Nach dessen frühem Ableben führte seine Witwe, die kinderlose Frieda Piper von Buhl, den Betrieb weiter und verbes-

serte nachhaltig die Qualität. Dem Testament ihres Mannes folgend, wurde das Weingut an Georg Enoch von und zu Guttenberg vererbt. Von 1989 bis 2013 verpachtet, kaufte es 2005 der Neustadter Unternehmer Achim Niederberger.

Wenn Sie heute das Weingut Reichsrat von Buhl besuchen, spüren Sie jenen frischen, wohltuenden Wind der Erneuerung. Überall auf dem von Buhl'schen Gelände, in den Weinbergen des „gelobten Landes", wie Richard Grosche diesen Bereich der Mittelhaardt liebevoll tituliert, und in den Gebäuden ist die besondere Verheißung zu fühlen und bald auch zu kosten. Der 2013er Jahrgang reift heran, der Premierenjahrgang der Doppelspitze Richard Grosche und Mathieu Kauffmann. Neben herausragenden Rieslingen komplettieren klassische Rebsorten wie Spätburgunder, Chardonnay, Grauburgunder und Weißburgunder das Angebot des Weinguts Reichsrat von Buhl. Auch für sie gilt das von Buhl'sche Qualitätsversprechen. Die Weine als vinifiziertes Spiegelbild ihrer Herkunft, vom zeitlosen Stil geprägt, behutsam und respektvoll interpretiert. „Hier habe ich die schönste Aufgabe gefunden und ich kann mir gleichzeitig einen Traum erfüllen", berichtet Richard Grosche und erzählt begeistert von den von Buhl'schen „Filetstücken" unter den Forster und Deidesheimer Lagen. Mathieu Kauffmann, der bei seinem ersten Besuch in der Pfalz erkannte, welch hohes Potential in den Weinbergen liegt, sagt, wenn man ihn zu seinem ersten Jahrgang in der Pfalz fragt: „2013 ist ein sehr spannender erster Jahrgang für mich. Unsere Rettung in diesem regenreichen Jahr waren die bewusst niedrig gehaltenen Erträge und unsere leichten, sehr gesunden Böden. Nur durch eine perfekte Weinbergsarbeit konnten wir derart reife und gesunde Trauben ernten. Ein Jahrgang, bei dem Fleiß und Arbeit belohnt wurden!"

Auf die Frage, was der Weinkenner erwarten darf, verrät Richard Grosche: „2013 ist ein Jahrgang der großen Lagen; es sind monumentale Rieslinge entstanden." Freuen wir uns auf kühle, frische, knackige Weine – spannend und voller Finesse – zum Wohlsein!

WEINGUT REICHSRAT VON BUHL
Weinstraße 18-24
67146 Deidesheim
Telefon 0 63 26 / 96 50 19
www.von-buhl.de
info@von-buhl.de

WEINSELIGE GENÜSSE
Weingut von Winning und Restaurant Leopold

Mit dem Leiter des Hauses von Winning, Stephan Attmann, treffe ich mich in herzlicher Atmosphäre im historischen Innenhof unter der 170 Jahre alten Platane. Im Kaisergarten ist es auch jetzt in der Mittagshitze nicht nur angenehm, sondern vor allen Dingen sehr schön zu sitzen. Eine prächtig blühende, fliederfarbene Glyzine schmiegt sich schmeichelnd an das Gemäuer. Rote und gelbe Sandsteine aus der Haardt wetteifern im lebendigen Charme mit den sie durchstreifenden weißen Sandsteinen aus den Vogesen.

Stephan Attmann hat das absolute Vertrauen von Frau Jana Niederberger. In ihrem Sinne führt er als Geschäftsführer die Unternehmensvision ihres Gatten Achim Niederberger weiter. Stephan Attmann ist ein Mann, der die Pfälzer Lebensart lebt und diese mit seinem ambitionierten, höchst anerkannten Tun prägt. Leidenschaftlich weinverliebt, ließ er sich nach Studien der Betriebswirtschaft, Biochemie, Pädagogik, Politik und Sozialwissenschaften zum Winzer ausbilden. „Wir machen Weine fürs Herz", sagt er, der 2008 seine Karriere bei von Winning startete.

„Wir fühlen uns den großen Weinen, den bedeutenden Lagen des VDP-Gründers Leopold von Winning verpflichtet", erzählt er weiter. „Damit stehen wir für in Manufaktur gefertigte, herkunftsgeprägte Weine von höchster Qualität; unverfälschte Tropfen mit beseelter Lebensfreude und Kultur, die die stilistische Vielfalt der Pfälzer Weinlandschaft wiedergeben." Das Weingut von Winning wurde 1849 gegründet. Seither reifen Spitzenweine legendärer und weltberühmter Lagen wie Ruppertsberger Reiterpfad, Forster Kirchenstück, Ungeheuer und Jesuitengarten, die zu den besten Weinlagen Deutschlands gehören, im Keller des Hauses.

Diesen Lagen wurde einst schon der Schwiegersohn des Dr. Andreas Deinhard, Leopold von Winning, gerecht. Akribisch arbeitend, brachte er die Weine auf ein neues Höchstniveau. Qualitätsorientiert und traditionsverbunden stellt sich heute das Team um Stephan Attmann der täglichen Aufgabe und Herausforderung, durch eine intensive und naturnahe Arbeit im Weinberg hocharomatische, gesunde Trauben zu ernten. Im Keller des Weinguts lässt man sie in sensibler, minimalinvasiver Weinbereitung lange, ohne künstliche Kühlung und auf ihren natür-

lichen Hefen liegend, zu Edelgewächsen reifen. Dem Wein und Ihnen zur Freude entdecken Sie in der Vinothek, die Sie auch für kleine Gesellschaften buchen können, paradiesisch anmutende Weine voller Lebendigkeit und Schönheit, rassig, filigran, fruchtig, cremig und mit nachhaltigem Charakter.

Wenn wir uns der denkmalgeschützten Villa von Winning zuwenden, fällt im Innenbereich eine stilvolle Eleganz aus Alt und Modern ins Auge. Viel Tageslicht, herrlicher Stuck, wunderbare Nussbaumböden und die breite geschwungene Holztreppe machen Ihren Auftritt, etwa bei Ihrer Hochzeitsfeier, zum Großereignis. Moderne Akzente setzen außergewöhnliche Leuchter und die eindrucksvolle Malerei der Deidesheimer Künstlerin Birgit Rab-Paqué. In verschiedenen Räumen und Sälen können bis 100 Gäste feiern oder auch Unternehmen tagen. Das professionelle Team versorgt Sie ganz individuell nach Ihren Wünschen mit einem feinabgestimmten, köstlich zubereiteten Menü oder einem Feinschmeckerbuffet.

Mit klaren Linien, warmem Holz und wohliger Kaminecke begeistert das Restaurant Leopold nicht alleine durch seine kulinarischen Gaumenfreuden. Genießen Sie das Ambiente unter der historischen Kreuzdecke mit allen Sinnen. Kenntnisreich legen die Küchenchefs Michael Pauli und Christian Meier hohen Wert auf Frische und Qualität, die ohne Fertigprodukte auskommt. Hier wird nie am falschen Ende gespart und so serviert man Ihnen stets das, was Sie zuvor gewählt haben. Grandios sind die Soßen, die man alle selbst herstellt. Und jetzt stellen Sie sich einmal dazu ein vollendet gebratenes Rinderfilet mit dreierlei Möhrchen und hausgemachten Spätzle vor ... ein Traum! Besonders empfehlenswert sind auch die hausgemachten Pfälzer Spezialitäten. Ob Fleischknödel, Leberknödel, Bratwurst oder Blutwurst – sie werden alle in traditioneller Handarbeit in der Wurstküche zubereitet.

Natürlich dürfen die damit korrespondierenden Weine nicht fehlen. Freuen Sie sich auf wunderschöne klassische Rebengewächse. Kosten Sie unbedingt den mineralischen, holzbetonten Sauvignon Blanc, der in jüngster Zeit mit hoher Auszeichnung bedacht wurde.

VON WINNING GMBH
Weinstraße 10
67146 Deidesheim
Telefon 0 63 26 / 96 68 70
www.von-winning.de
info@von-winning.de

KOSTBARES IN DEIDESHEIM
Das Erbe der Weinpioniere

Weingut Geheimer Rat Dr. von Bassermann-Jordan – 1718 gegründet, ist Jordan'scher Wein von 1811 frühestes Beispiel, dass Pfalzweine nach Lage und Qualität benannt werden. Der Begründer des Qualitätsweinbaus in der Pfalz Andreas Jordan füllte schon 1803 Wein in Flaschen ab. 1849, nach Jordan'scher Teilung, führte Sohn Ludwig Andreas das Weingut. Durch die Heirat seiner Tochter mit Emil Bassermann erhielt der Betrieb im Jahre 1883, nach seinem Tod und königlichem Dekret des bayerischen Königs, die Erlaubnis, den Doppelnamen Bassermann-Jordan zu führen. Einflussreiche Honoratioren prägten die Familie. 1917 in den Adelsstand erhoben, baute Dr. Ludwig von Bassermann-Jordan den Export intensiv aus und brachte die Pfälzer Weinfaszination an die Spitze des internationalen Weinmarktes. Als er 1995 verstarb, übernahm Margrit von Bassermann-Jordan mit Hingabe und Akribie die Leitung des Hauses, unterstützt von ihrer Tochter Dr. Gabriele von Bassermann-Jordan.

Seit 2003 führt die Neustadter Unternehmerfamilie Niederberger den ruhmreichen Betrieb. Mit ständig qualitätsverbessernden Anbaumethoden leiten Diplom-Betriebswirt Gunther Hauck als kaufmännischer Geschäftsführer und Ulrich Mell, technischer Geschäftsführer und Kellermeister, in ihrem Sinne das Kulturweingut. Im historischen Weinkeller reifen edle Gewächse erstklassiger Lagen von Deidesheim, Forst und Ruppertsberg. Darunter große Spitzenlagen wie Hohenmorgen, Kirchenstück und Jesuitengarten. Traditionell im Holzfass und im Stahltank ausgebaut, beruht die Basis der individuellen und charakterstarken Weine auf der Priorität von behutsamer Handarbeit. Damit sie sich selbst inszenieren können, lässt man ihnen und dem in traditioneller Flaschengärung hergestellten Sekt lange Reifezeit angedeihen. Tradition und Moderne stehen Pate für fruchtbetonten, trockenen Ausbau der Rieslinge, Burgunder, Chardonnay, Sauvignon Blanc sowie edelsüßer Spitzenweine.

Mit einer Terminvielfalt lädt das Weingut Dr. von Bassermann-Jordan Genussliebhaber zu Sternstunden ein. In der Vinothek kaufen Sie Ihren Wein ein und – einmalig: Die Schatzkammer des Hauses hütet den ältesten verfügbaren Wein, einen genießbaren 1811er Forster Ungeheuer Riesling. Dem „Kometenjahrgang" entstammend, gehört er zu den besten Jahrgängen der Weinbaugeschichte.

WEINGUT GEHEIMER RAT
DR. VON BASSERMANN-JORDAN
Kirchgasse 10
67146 Deidesheim
Telefon 06326 / 6006
www.bassermann-jordan.de

ZEIT, DIE IHNEN GEHÖRT
Hotel & Restaurant Ketschauer Hof

Historisch geht das prächtige Ensemble weit zurück auf einen Adelssitz der Freiherren von Ketschau aus dem 14. Jahrhundert. Heute zum Unternehmen der Familie Niederberger gehörend, gilt das barocke, ehemalige Herrschaftshaus als das Hideaway in Deidesheim.

Der Ruhepol inmitten des pulsierenden Lebens ist ein willkommener Ort für Gäste, die sich aus dem Stress des Alltags heraus schöne Momente der Auszeit gönnen möchten. Spürbar ist die aus dem Herzen kommende Gastlichkeit des Teams um Geschäftsführer Christian Siegling. Ihnen allen gelingt es, einzelne Wünsche schnell in die Tat umzusetzen. Genießen Sie mit Wohlbehagen das Flair hochwertiger Zimmer und Suiten. Individuell und modern wohnen Sie unter dem Dach und erfreuen sich am grandiosen Ausblick. Stille und Entspannung umfangen Sie im sehr feinen Wellnessbereich mit Sauna, finnischen Dampfbad und Ruheraum. Wahre Glücksmomente bescheren Beautybehandlungen mit der Luxusmarke Panpuri. Bestens geruht, schmeckt das liebevoll servierte, delikate Frühstück wundervoll. Danach lassen Sie im beschaulichen Garten auf Liegestühlen die Seele baumeln, um später den historischen Weinkeller des Hauses zu entdecken.

Im hellen Bistro und im edlen, mehrfach ausgezeichneten Gourmetrestaurant erfahren Sie moderne, unaufdringliche Balance. Die leichte Bistroküche mit fein gemachten Klassikern und bodenständigen Spezialitäten wird beim jungen Publikum immer beliebter. Verführend zu einer kulinarischen Schatzreise, verwöhnt im Freundstück Küchenchef Daniel Schimkowitsch anspruchsvolle Feinschmecker mit seiner über den Tellerrand der Haute cuisine hinausschauenden Kochkunst. Interessant ist der Ketschauer Hof natürlich auch für Weinliebhaber. Die erlesene Weinkarte hält 500 Gewächse, darunter große, gereifte Rieslinge, bereit. Im Sommer genießen Sie selbstverständlich auch auf der reich blühenden Terrasse. Das Kelterhaus ist der Platz für zahlreiche Events und Veranstaltungen. Darüber hinaus lädt der Ketschauer Hof zu Themenabenden und Veranstaltungen ein. Es ist die Zeit, sich Gutes zu tun – Ihre Zeit.

KETSCHAUER HOF
Hotel & Restaurant
Ketschauerhofstraße 1
67146 Deidesheim
Telefon 0 63 26 / 7 00 00
www.ketschauer-hof.com

Ungeheuersee in Weisenheim am Berg.

ODE AN DAS LEBEN
Provenzalische Grüße

Gleich einer Offenbarung ist dieser Blick, von der Terrasse aus gesehen, in Netts Restaurant und Landhaus in Gimmeldingen. Die Rheinebene zu Ihren Füßen liegend, fühlen Sie die liebliche Pfalz, aber auch diesen wunderbaren Hauch von la belle vie. Flankiert von unzähligen Lavendeln, Olivenbäumen und duftenden Kräutern, gelangen Sie zur Muße des Sommergartens. Junge Platanen über runden violetten Tischen laden inmitten von einem Blütenmeer zum schier endlosen Verweilen ein. Um das rasenbegrünte Atrium nehmen Sie Platz und genießen leichte Terrassenweine zum deftigen Flammkuchen, frisch im „Büdchen" zubereitet.

Ihrem Lebenstraum folgend, haben Susanne und Daniel Nett das Areal 2007 erworben und in Zusammenarbeit mit dem Denkmalschutz saniert. Eröffnet 2009, machen sie es seither Stück für Stück schöner. 2015 ist wieder eine Vergrößerung geplant; ein weiteres Haus wird zum Gästedomizil ausgebaut.

Im einzigartigen Restaurant setzt Küchenchef Daniel Jähnke auf eine über den Tellerrand schauende saisonale Küche. Er, der schon in Sternehäusern Deutschlands, Frankreichs, und der Schweiz kochte, verwöhnt die Gäste immer wieder mit neuen kreativen Ideen. Die Speisekarte mit Angeboten, die allein beim Lesen auf der Zunge zergehen, wechselt alle sechs Wochen. Wertlegend auf eine selten zu findende Jahrgangstiefe, kredenzt das weinverliebte Team um Hausherr und Sommelier Daniel Nett köstliche Rebengewächse. Hauptsächlich offeriert er Pfälzer Tropfen, verschiedene Weine kommen aus anderen Anbaugebieten. Kunstgenuss versprechen Ausstellungen von wechselnden Malern. Netts Restaurant und Landhaus – der ideale Ort auch für schöne Feste in einem atemberaubenden Ambiente.

Gönnen Sie sich in individuell gestalteten Zimmern erholsame Urlaubstage und freuen Sie sich auf wunderbare Arrangements, die Familie Nett für Sie bereithält. Gibt es ein Geheimnis für den Erfolg? Susanne Nett, die für den SWR in ihrer Sendung als „Rezeptsucherin" unterwegs ist, verrät: „Unsere Mitarbeiter liegen uns alle sehr am Herzen, wir haben so ein tolles Miteinander."

REZEPT SEITE 191

NETTS RESTAURANT UND LANDHAUS
Susanne und Daniel Nett GbR
Meerspinnstraße 46
67435 Neustadt-Gimmeldingen
Telefon 0 63 21 / 60 17 5
www.nettsrestaurant.de

RESTAURANT SPINNE
Peter-Koch-Straße 43
67435 Neustadt-Gimmeldingen
Telefon 0 63 21 / 9 59 77 99
www.restaurant-spinne.de

MÄRCHENHAFTE GENÜSSE
Im Meerspinnkeller reifte schon um 1575 der Rebensaft

Frühling in Gimmeldingen. Eingehüllt in zartrosa leuchtenden Blütenzauber, hat sich das schöne Winzerdorf feingemacht. In bester Festtagslaune und umgeben von traumhafter Kulisse, feiert Gimmeldingen mit vielen, auch weitgereisten Gästen das Fest der Mandelblüte.

Herzlich begrüßen Sie Christiana Mix und Jörg Friedrich in ihrem Restaurant Spinne im ehemaligen Meerspinnkeller des Weingutes Christmann. Genießen Sie mit allen Sinnen authentische Tafelfreuden eines hochwertigen Hauses im besonderen Charme eines altehrwürdigen Fasskellers. Für seine Gäste kocht Küchenchef Jörg Friedrich à la minute und von der Saison inspiriert. Ihm ist es besonders wichtig, beinahe täglich mit frischen regionalen Produkten beliefert zu werden. Freitags kommt der Fisch; natürlich nur im Ganzen. „Wir fahren mit unserer Küche zweigleisig", erzählt er. Für den hungrigen Wanderer oder den Mountainbiker bereitet er auch gerne entsprechend großzügig bemessene Portionen seiner Klassiker zu. Deliziöse Menüs, bei denen der Gast zwischen 3 und 5 Gängen wählen kann, erheben allein das Lesen der Speisekarte zum besonderen Moment. Alle vier bis sechs Wochen wechselt die Karte, für die der Neustadter Künstler Gerhard Hofmann das originelle Logo entworfen hat.

Um den historischen Weinkeller in seiner Einzigartigkeit zu belassen, strahlt die Einrichtung zurückhaltende, gepflegte Eleganz aus. Stilgerechte Beleuchtung verleiht gemütliche Stimmung. Freundlich, sicher und mit viel Fachkenntnis betreut Restaurantleiterin Christiana Mix ihre Gäste. Bestimmt weiß sie den passenden Wein zu köstlichen Speisen zu empfehlen. Die Weinkarte der Spinne bietet ausgesuchte Tropfen aus heimischen Pfälzer Lagen. Für unvergessliche Feste ist das kleine, engagierte Team der Spinne ebenfalls bestens gerüstet.

Entspannen Sie an lauen Sommerabenden im romantischen und schattig begrünten Innenhof. Und: Besuchen Sie einmal die Homepage des Restaurants – hier lassen sich immer wieder neue und äußerst schmackhafte Höhepunkte entdecken.

REZEPT SEITE 186

EIN LÄCHELN IM GESICHT
Der schönste Lohn

Wenn Gäste mit einem Lächeln bei leckerem Essen und gutem Wein in meinem Restaurant zusammensitzen, dann bedeutet das für mich Erfüllung ", sagt Joachim Bäder von der Winzerstube in Mußbach. Sein Optimismus wirkt ansteckend und man kann die große Freude, die er in seiner ambitionierten Arbeit findet, nur allzu gut erkennen.

Erbaut im Jahre 1632, ist die Winzerstube zugleich die Traditionsgaststätte der Winzergenossenschaft Weinbiet, die deutschlandweit zu den zehn besten zählt. Mit Nachhaltigkeit hat man sich hier einer hohen Qualität verschrieben. Ein Garant, dass gleichfalls in der Winzerstube nur beste Tropfen von einem motivierten, aufmerksamen Service eingeschenkt werden.

Im historischen Ortskern führt Joachim Bäder seine familienfreundliche Gaststätte mit hohem Wiedererkennungswert. Der Gast genießt eine bodenständige, regionale und saisonale Küche, in der keinesfalls Pfälzer Spezialitäten fehlen. Aus Schwaben, seiner Heimat, bereitet er in Ei geröstete Maultaschen zu. Besonders beliebt bei den Gästen sind das Cordon Bleu vom Kalb und der eigens kreierte Mußbacher Topf. Während einer Chinareise lernte Joachim Bäder die frische, gesunde Ernährung nach den fünf Elementen zu schätzen; zur Spargelzeit wird das königliche Gemüse in Sesamöl mit Sesamkörnern gebraten und mit feinem Bärlauchschaum serviert. Die Philosophie des Chefs, dem Gast einen unvergesslichen Aufenthalt zu bescheren, erkennt man auch im Gastraum. Mit Hilfe einer Feng-Shui-Beraterin gelang es, der Stube eine positive Atmosphäre zu verleihen. Ochsenblutrote Akzente unterstützen die Ausstrahlung und lassen persönliches Wohlbefinden zu. „Wir leben hier am fruchtbaren Fleck und darüber sind wir glücklich. Zu unseren Stammgästen gesellen sich auch viele Ausflügler; hauptsächlich nette Leute, denen wir gerne die Wünsche von den Augen ablesen", sagt Joachim Bäder, dessen Küchentür stets für einen Blick hinein offensteht.

Im Nebenraum ist Platz für die große Tafel anlässlich von Familienfeierlichkeiten oder für Tagungen. Und im Sommer speist man auf der schattigen, blumigen Terrasse.

WINZERSTUBE MUSSBACH
Joachim Bäder
An der Eselshaut 32
67435 Neustadt-Mußbach
Telefon 0 63 21 / 68 15 1
www.winzerstube-mussbach.de

VOM LUXUS BERÜHRT
Verliebtsein im Herzen der Pfalz

CAFÉ SCHWARZE KATZE
Hintergasse 15
67433 Neustadt
Telefon 06321/9248599

Neustadt, Landschreibergasse 23, Ende des 19. Jahrhunderts. Hier eröffnete die Winzertochter Elisabeth Kompter eine Straußenwirtschaft. Stammgäste gaben der Wirtschaft, in Anlehnung an die Tierliebe von Tochter Marie, den Namen: „Zur schwarzen Katz". Daraus entwickelte sich eine beliebte Weinstube, die später Tochter Marie mit Erfolg weiterführte und überregional bekannt machte. Mit dem Bau des Klemmhofes wich das Gebäude in der Landschreibergasse und wurde daraufhin in der Hintergasse 15 weiterbetrieben …

… das Jahr 2011. Der gleiche Ort. Es ist August und Hochsommer an der Südlichen Weinstraße. Unternehmerin Alma Hörnschemeyer eröffnet nach eigener kompletter Umgestaltung ein Café. Entsprechend den erstklassigsten Kaffeesorten der Welt wie dem „Kopi Luwak" oder dem „Coffee Alamid", leger auch „Katzenkaffee" genannt, gibt sie ihm den Namen Café Schwarze Katze. Heute, drei Jahre danach, hat es nicht alleine durch seine außergewöhnliche Schönheit viele begeisterte Gäste gewinnen können.

„Nur das Beste für meine Gäste", sagt Alma Hörnschemeyer. Man glaubt es ihr und vor allen Dingen: Man weiß innerhalb kürzester Zeit, wovon sie spricht. Denn dieses Beste ist hier allgegenwärtig. Die schöne Einrichtung ist im eleganten, zeitlosen Stil gehalten. An Farben dominieren Schwarz, Weiß und Rot. Kostbares Kristall, edles Besteck und erlesenes Porzellan sorgen für Wohlgefühl und vermitteln ein 5-Sterne-Ambiente. Für Alma Hörnschemeyer steht eine ganzheitliche Qualität an erster Stelle. Um ihre Gäste zu verwöhnen, überlässt sie nichts dem Zufall. Sämtliche Köstlichkeiten, die sie offeriert, haben Preise gewonnen. Wo soll man hier nur anfangen? Am besten, Sie überzeugen sich selbst. Genießen Sie das Besondere im Café Schwarze Katze. Nehmen Sie Platz unter dem stilvollen Kronleuchter, einem prächtigen Designerstück aus dem sonnigen Italien, und lassen Sie sich von leiser, klassischer Musik verzaubern. Feudal sitzen Sie in den schönen Monaten des Jahres im edel gestalteten Außenbereich und bewundern das entzückende Flair der traditionsreichen Hintergasse.

Auch für Gesellschaften und Feiern sind Alma Hörnschemeyer und ihr Team gerüstet. Reden Sie über Ihre Wünsche. Hier werden sie wahr.

ERLESEN UND EINZIGARTIG
Kosmopolitisches Flair berührt das Traditionelle

Das Hotel PalatinA. Hinter der denkmalgeschützten Fassade eines ehemaligen Weingutes führt Florian Wiedemann sein Unternehmen. Freundlichkeit ist hier ein hohes Gut. Herzliche, offene Menschen, wohin der Gast blickt. Man trifft sich vor dem heimeligen und doch außergewöhnlichen Kamin. Prasselndes Feuer hinter einer Fassade von sprudelndem Wasser entlockt ein Staunen. Die 20 Zimmer und Suiten sind edel und individuell gestaltet und bieten dem Gast alle Vorzüge eines modernen 4-Sterne-Hauses. Ausgiebig stärken Sie sich am Morgen am herrlichen Frühstücksbuffet. Lassen Sie die Seele baumeln im umfangreichen Spa-Bereich und überzeugen Sie sich von einem handverlesenen Wellness-Angebot.

Eindrucksvoll, mit modernen technischen Raffinessen ausgestattet, präsentieren sich die Veranstaltungsräume. Feiern oder konferieren Sie im Sandstein-Gewölbekeller. Dort erlangten früher vorzügliche Weine ihre Reife. Oder bevorzugen Sie die Verschwiegenheit eines lichten Tagungsraumes? Das geschulte, erfahrene Team wird Sie bei Ihrer Entscheidung auf das Beste beraten und betreuen. Die lukullische Seite des Hauses ist geprägt von der besonderen Note Florian Wiedemanns. Hier genießt der Gast eine leichte und mediterran angehauchte Küche auf der Basis von wertvollen Produkten. Das PalatinA hält eine attraktive Auswahl besonderer Arrangements bereit. Nicht zu vergessen das zugehörige, nur wenige Gehminuten entfernte Gourmet-Restaurant Zwockelsbrück. In einem Ambiente, erfüllt von Kunst und Kultur, lässt es sich hervorragend speisen. Dazu genießt man Spitzenweine aus idyllischen Pfälzer Lagen.

„In den Sommermonaten ist unsere Außengastronomie sehr gefragt. Wenn der verträumt wirkende Innenhof in all seiner Pracht erblüht, erleben die Gäste mit allen Sinnen die hohe Handwerkskunst unserer Köche." Florian Wiedemann erzählt mit beseelten Worten vom beliebten Live Cooking. Vor den Augen der Gäste werden köstliche Speisen frisch zubereitet. Externe, ausgefeilte Caterings runden das Angebot eines jungen, innovativen Teams ab.

HOTEL PALATINA
Gartenstraße 8
67433 Neustadt
Telefon 0 63 21 / 92 40 00
www.hotel-palatina.com

HINAUF, HINAUF ZUM SCHLOSS!
Kultur und Kulinarik

Diesem Aufruf folgten rund 30.000 Menschen, die, angeführt von Siebenpfeiffer und Wirth, am 27. Mai 1832 hinauf zum Hambacher Schloss zogen, um dort ihre Forderung nach Einheit und Freiheit, nach einem demokratischen, vereinigten Deutschland auszurufen. An jenem Tage wehte dort zum ersten Mal die schwarz-rot-goldene Fahne. Mit der Ausstellung „Hinauf, hinauf zum Schloss!" lädt die Stiftung Hambacher Schloss ein, sich dem Festzug des Hambacher Festes anzuschließen und in die Ereignisse des Jahres 1832 einzutauchen. Schon damals verliehen die Festteilnehmer ihren politischen Forderungen in Musik, Dichtung, Diskussion und Reden Nachdruck. All dies findet heute wieder statt. Der Bogen spannt sich von der politischen Diskussion bis zum klassischen Konzert, von der Schauspielinszenierung über das Kabarett bis zum Kindertheater. Für Pfälzer Fröhlichkeit sorgt das Hambacher Fest-Bankett mit dem großartigen Chawwerusch Theater. Aufrührerisch, revolutionär fröhlich und köstlich wird Theater mit Kulinarik gepaart. Kulinarik wird heute das ganze Jahr über auf dem Hambacher Schloss geboten. Das Restaurant 1832 erfreut mit schlichter Eleganz. Großzügige Räume und hohe Fenster lassen Platz für Gedankenentfaltung. Küchenchef Benjamin Paus zeichnet sich für eine kreative Schlossküche mit marktfrischen, regionalen Produkten verantwortlich. Er versteht es, ebenso Pfälzer Klassiker neu zu interpretieren wie auch mit liebevoll zubereiteten Gaumenfreuden der feinen, gehobenen Küche zu verwöhnen. Vorzügliche Tropfen aus Pfälzer Weinlagen munden dazu vortrefflich. Von der Panoramaterrasse aus haben Sie einen atemberaubenden Ausblick. Für Brautpaare bietet das Hambacher Schloss eine ganz zauberhafte Kulisse. Feiern Sie im prächtigen Festsaal den schönsten Tag Ihres Lebens. Voller Hingabe und detailverliebt erfüllt das versierte und souveräne Team jeden Wunsch und unterstützt Sie von Anfang an bei der Planung. Ausgestattet mit modernster Licht- und Tontechnik, bieten sich die Räumlichkeiten auf dem Hambacher Schloss auch für Geburtstagsfeiern, Jubiläen und Firmenevents jeglicher Art an.

HAMBACHER SCHLOSS
RESTAURANT 1832 UND VERANSTALTUNGEN
67434 Neustadt an der Weinstraße
Telefon 0 63 21 / 9 59 78 80
www.hambacherschloss.eu

STIFTUNG HAMBACHER SCHLOSS
Telefon 0 63 21 / 92 62 90
www.hambacher-schloss.de

TAFELFREUDEN
Blickpunkt: Genuss

„Wir haben alles Schöne vor der Haustür", philosophiert Dominik Grünwedel von Grünwedel's Restaurant in Diedesfeld. Er meint damit den Ausblick von der mediterran blühenden Terrasse vis-à-vis zum Hambacher Schloss. Aber: Alles Schöne ist auch hinter der Haustür! Unter der historischen Kreuzdecke treffen sich Ästhetik und Eleganz eines prächtigen Restaurants. Vollendete Tafelkultur verspricht edles Mobiliar und runde, stilvoll eingedeckte Tische, die stillen Inseln gleichen und ungestörtes Dinieren zulassen. Wenn es draußen kühler wird, sorgt innen Kaminfeuer für angenehme Wärme. Bilder voller Inspiration unterstützen das besondere Flair. Fühlen Sie sich bei Ihrer Gastgeberin Tina Grünwedel ausgesprochen wohl.

Dominik Grünwedel hat sich bereits in seiner Zeit im Lokal Zum Kleinen Prinz in Forst, das er zusammen mit seiner Ehefrau fünf Jahre lang betrieb, einen bekannt guten Namen gemacht. Beider Ziel, ein eigenes Restaurant zu besitzen, führte die junge Familie im Frühjahr 2012 in das ehemalige Becker's Gut. Dominik Grünwedel bleibt trotz aller Anerkennung bescheiden. Seine Pfälzer Wurzeln nicht vergessend, kocht er „auch etwas in Vergessenheit geratene Klassiker". Verstärkt in den Vordergrund treten, wunderbar zelebriert, extravagante Genüsse leichter, gehobener Manier. Abends bietet die Karte, die alle vier Wochen, auch für Vegetarier und Veganer, mit neuen Kreationen aufwartet, zusätzlich Drei- oder Fünf-Gänge-Menüs. Im Genusshimmel angekommen, erfreuen Sie sich an höchst verlockenden Dessertvariationen. Dominik Grünwedels Überzeugung gehört dem Pfälzer Wein. Alle Rebengewächse werden, bevor sie auf der ausgezeichneten Weinkarte stehen, von ihm und seinem freundlichen Team probegekostet. Sitzen Sie ganz leger, wenn Sie die „Weinlust" packt, bei einem guten Glas im schicken Wintergarten.

Grünwedel's Restaurant empfiehlt sich auch als Ihr kompetenter Partner für Familienfeste aller Art; und wenn Sie es bevorzugen, zu Hause zu feiern – dann erleben Sie ein nach Ihren Wünschen fein abgestimmtes Catering.

REZEPT SEITE 197

GRÜNWEDEL'S RESTAURANT
EVENT-CATERING-KOCHSCHULE
Weinstraße 507
67434 Neustadt-Diedesfeld
Telefon 0 63 21 / 21 95
www.gruenwedels-restaurant.de

GESCHMACKVOLLE ESSKULTUR
Im La Bohéme lässt es sich gut verweilen

Herzlich willkommen in Mutterstadt. Dort in der Speyerer Straße hat Nico Clapon im Jahre 2009 sein heutiges La Bohème in Besitz genommen. Das alte Bauernhaus von 1719 wurde zunächst umfassend renoviert und bietet, erfüllt von nachhaltigem Charakter, dem anspruchsvollen Genießer einen stilvollen Rahmen. Das Bewahren und die Restauration des Alten in Verbindung mit zeitlos klassischen Akzenten sind hier auf das Beste gelungen. Schlichte Eleganz, verbunden mit wohlig gemütlichem Flair, besticht beim Betreten der Gaststube. Schön eingedeckte Tische mit glänzenden Gläsern wetteifern im warmen Schein des Kaminfeuers. An den Wänden überzeugen stimmige, moderne Bilder der Malerin Gaab-Vögeli aus Lachen-Speyerdorf.

Nico Clapon verwöhnt seine Gäste nach seinem Lebensmotto: „Essen ist ein Bedürfnis, genießen ist eine Kunst." Und so ist der Gast im La Bohème eingeladen, Muße für die frisch zubereiteten Speisen mitzubringen, um somit dem Stress des Alltags zu entfliehen. Voller Hingabe ist allein schon die Karte gestaltet. Der interessierte Gast erfährt die Geschichte und Entstehung des köstlich mundenden Carpaccio vom Rinderfilet. Nico Clapon kocht ausschließlich mit frischen Produkten von hoher Qualität, die sich deutlich von der Masse abheben. Er spricht von „stressfreien Bratverfahren und hochwertigen, besonderen Gewürzen", die seinen Speisen den „besonderen Kick verleihen". Erlebnis Essen! Das Chateaubriand in seinem Menu à la Chef wird vor den Augen des Gastes auf dem Teller zelebriert. Bei der Auswahl der passenden Weine betont Nico Clapon die gute Zusammenarbeit mit den Weingütern Knauff Erben in Gönnheim und Schäfer in Mußbach. „Ganz viel Pfalz", lächelt er freundlich, „aber auch ein paar besonders edle Tropfen von unseren Nachbarn." Eine weitere Besonderheit bietet die Lounge im Hause. Nach genussvollem Speisen gönnt sich hier der Kenner in aller Ruhe besondere edle Brände.

Nico Clapons Partnerin ist Olimpia Schollenberger. Dezent und sympathisch leitet sie den Service und kümmert sich sehr zum Wohle der Gäste.

REZEPT SEITE 184

LA BOHÉME
RESTAURANT UND LOUNGE
Speyerer Straße 78
67112 Mutterstadt
Telefon 0 62 34 / 30 53 60
www.winzerstube-mutterstadt.de

EIN DUFTENDES JUBILÄUM
Der Geheimtipp für Kaffeekultur

In der geheimnisvollen Welt edlen Arabica-Kaffees tauchen wir ein in das leidenschaftliche Wirken der Privat-Kaffee-Rösterei Mohrbacher in Ludwigshafen. Die Kostbarkeit und der verführerische Duft im außergewöhnlichen Ambiente des Ladens lassen das Herz eines anspruchsvollen Kaffeekenners höherschlagen. Seniorchef Winfried Bischof zeigt mir das Heiligtum. Im wahr gewordenen Kaffeemärchen aus Tausend und einer Nacht stehen reich gefüllte Jutesäcke mit wertvollen Arabica-Kaffeebohnen der Premium-Anbaugebiete Lateinamerikas, Asiens, Afrikas und Ozeaniens. Aufgrund besonderer klimatischer Voraussetzungen gedeihen Arabica-Kaffeesträucher ausschließlich auf Hochlagen von 1500 bis 1800 Metern der tropisch-äquatorialen Regionen. Die Ernte ist geprägt von langwieriger Handarbeit, denn gepflückt werden nur reife, rote Kaffeekirschen. Nach dem Schälen, Waschen und Sonnentrocknen erhält man Pergaminos, die wiederum in der Schälanstalt auf Weiterverarbeitung warten.

Die Kaffeemanufaktur Mohrbacher arbeitet mit der traditionellen Trommelröstung, die den Abbau von Reizstoffen und Chlorogensäure gewährleistet. Pro Vorgang werden 30 Kilogramm Kaffeebohnen bei einer Temperatur von maximal 200 Grad ihrer exzellenten Vollendung zugeführt; die Basis für hocharomatischen, bekömmlichen Kaffee. Doch erst nach penibler Handverlesung erhalten sie die Freigabe für den Kunden. Winfried Bischof hat 60 Jahre Rösterfahrung. Durch die Heirat mit Felicitas Mohrbacher, der Tochter des Firmengründers Hans Mohrbacher, kam er in den Betrieb. Heute sind längst zwei der vier Kinder, Jörg Bischof und Katja Müller-Altmann, aktiv dabei. Spitzenkompositionen wie der von Katja Müller-Altmann kreierte „Jubiläumskaffee", die „Pfälzer Spitze" und der von Sohn Jörg Bischof erschaffene „Alleskönner" sind sehr beliebt. 35 Sorten, darunter Kaffees aus zertifiziertem biologischen und ökologischen Anbau, versprechen Genuss der Extraklasse.

Die Segenswünsche aller für 90 Jahre lebendige Kaffeekultur. Möge der betörende Duft von Kaffeeblüten, inmitten Ihrer Gartenidylle, noch viele Jahre Glück und Freude schenken.

PRIVAT-KAFFEE-RÖSTEREI
H. MOHRBACHER KG
Mundenheimer Straße 233
67061 Ludwigshafen
Telefon 0621/563541
www.mohrbacher.de

KLINGENDER LIFESTYLE
Galerie für modernen Schmuck

Speyer; in der Kutschergasse fällt das vor 1714 gebaute Barockhaus auf. Früher, wo der Kutscher seine Pferde unterstellte, befindet sich seit 2013, von außen her klar erkennbar, ein Atelier für extravagante, ästhetische Schmuckstücke. Ausdrucksstark in Szene gesetzt, klassisch komponiert, voller Eigenwilligkeit und Prägnanz, sprechen sie Liebhaber des Individuellen und Besonderen geradezu an und laden ein, durch den reizvollen Innenhof das künstlerische Reich zu erkunden.

Antje Liebscher studierte Schmuckdesign in Deutschland und Italien. Nach tief inspirierenden Studienjahren in Vincenza und in Padua schrieb sie in Idar-Oberstein ihre Diplomarbeit. Als weiterer, Höhepunkt bezeichnet sie ihre Mitarbeit in der bekannten Galerie von Stuart Moore in San Francisco. Treu ihrer Technik und dem Gestaltungsmerkmal der sichtbaren Lotnaht fertigt Antje Liebscher Colliers, Arm- und Ohrschmuck sowie wertevermittelnde Ringe von bemerkenswert klassischer Schlichtheit. Entdecken Sie die unendlichen Variationen der Formenwelt und lassen Sie sich von reichhaltigen Spielereien bezaubern. Luftig-leichte Ketten, bestehend aus übereinanderliegenden Ösen, werden an Ihnen lebendig. Kurz oder lang getragen, dezent oder das Format sprengend, ob als kurzes Collier oder knielanges Geschmeide, umschmeicheln sie Ihren Körper und verleihen durch ein sanftes Klingen ein beschwingtes Lebensgefühl und besonders attraktive Sinnlichkeit. Werden auch Sie zur kreativen Künstlerin und verwandeln Sie Ihr Outfit.

Auf internationalen Fachmessen knüpft Antje Liebscher Kontakte zum internationalen Publikum. Sie pflegt Kooperation und fachlichen Austausch mit renommierten Kollegen von internationalem Rang, deren Schmuck sie im eigenen Atelier ein Forum bietet. Viermal im Jahr finden in ihren Räumen thematische Ausstellungen statt. Eine Möglichkeit für Kunden und Interessierte, mit Künstlerinnen und Künstlern das Gespräch zu suchen. Interessant zu wissen, dass Antje Liebscher's Schmuck in weiteren Galerien Deutschlands, Europas und der USA ausgestellt und verkauft wird.

SCHMUCK ANTJE LIEBSCHER
Kutschergasse 8
67346 Speyer
Telefon 0 62 32 / 29 21 69
www.antjeliebscher.de

AVANTGARDISTISCH
Philipp Garthe

Im spätbarocken Bau des Wittelsbacher Hofes in Speyer befindet sich das AvantGarthe. Unter dem historischen Walmdach setzt Philipp Garthe seine Intention eines ausgefallenen Restaurantkonzeptes um. Der gebürtige Straubinger, dessen Werdegang auch über das Hotel Kempinski in Frankfurt führte, hat in Heidelberg Hotelbetriebswirtschaft studiert. Im Juni treffen wir uns im blühenden Sommergarten. „Wir lassen uns in keine Schublade stecken", sagt Philipp Garthe mit Nachdruck. „Mit dem Ziel, das kulinarische Aushängeschild von Speyer zu sein, heben wir uns klar vom Mainstream ab."

Puristisch, ästhetisch und im klaren Design beeindrucken zwei individuelle Räume. 2014 lautet das Motto: „AvantGarthe Guerilla Gourmet." Fantasiereich, modern und kraftvoll verbinden heimatverbundene Frischeliebhaber mediterrane Küche mit internationalen Spezialitäten und erschaffen damit eigene Genüsse zu erschwinglichen Preisen. Das Paradestück ist das trocken und auf den Punkt gereifte Dry Aged Beef. Sehen Sie edles Fleisch im Reifeschrank bei vier bis sechs Grad und erleben Sie nach dessen Zubereitung eine wahrhafte Geschmacksexplosion. Top Winzer im AvantGarthe! Im Veranstaltungsraum „Weinwelten" kommen Weinliebhaber auf ihre Kosten. Herausragend die „Winzerbattles", ein Format, das Philipp Garthe für seine Gäste entwickelt hat. Er komponiert ein Menü und gibt es an jeweils zwei Winzer weiter, die über die korrespondierenden Weine entscheiden. Am Abend des spannenden „Wettstreites" treffen sich Gäste und Winzer im AvantGarthe zum Schlemmen und Diskutieren; im Laufe dessen entstehen illustre Gespräche. Erfolgreich zeigt sich, dass vormals Fremde als Freunde auseinandergehen.

Das AvantGarthe können Sie für Familienfeiern, geschäftliche Treffen oder für ein schönes Menü buchen. Anregend und polarisierend führt Philipp Garthe durch kulinarische Sinnesreisen; leidenschaftlich nimmt er Ihnen auch mal die Entscheidung ab, welcher Wein zu welcher Speise am besten mundet. Vertrauen Sie einem Kenner und kosten Sie auch seine eigene Abfüllung: Still AvantGarthe! Momentan umfasst die eigene Weinlinie sechs Weine und einen Sekt aus der Pfalz und von der Mosel.

AVANTGARTHE
Ludwigstraße 2
67346 Speyer
Telefon 0 62 32 / 68 73 59
www.avantgarthe.de

Die „Kleine Kalmit" über Ilbesheim und Arzheim.

AM PULS DER SÜDPFALZ

Wenn wir von der Südpfalz sprechen, meinen wir damit den Landkreis der alten Garnisonsstadt Germersheim, den Landkreis Südliche Weinstraße und die Universitäts-, Wein- und Gartenstadt Landau. Wegen des Dialektes kommen auch Teile des im Osten liegenden Landkreises Südwestpfalz hinzu, insbesondere die Felsenland-Region Dahn, die sich mit ihrem sagenhaften Felsland-Wanderweg größter Beliebtheit erfreut. Die Südpfalz grenzt im Norden an die Vorderpfalz, im Westen an die Westpfalz, östlich an den Rhein, und von ihrer südlichsten Gemeinde Schweigen-Rechtenbach aus spazieren Sie geradewegs in das nur wenige Schritte entfernte Unterelsass, nach Wissembourg.

Auf dem Gebiet der Südlichen Weinstraße liegend, betrieben bereits die Bewohner der im Jahre 83 nach Christi gegründeten römischen Provinz „Germania superior" Weinbau.

Die Reichsfeste Trifels fand unter Herrschaft der Salier im elften Jahrhundert erstmals Erwähnung. Unter der Reichsführung der Staufer wird der Trifels 1138 zum Mittelpunkt und Hauptaufbewahrungsort der Reichsinsignien und Staatsgefängnis für Richard Löwenherz. Viele weitere Burgen sowie das Kloster Eußerthal entstehen um diese Zeit. Auch die Madenburg über Eschbach, deren Name wahrscheinlich aus „Maidenburg" entstand, lässt darauf schließen, dass sie zu Ehren der „Maid", also der Jungfrau Maria, benannt wurde.

Im Verlauf des 30-jährigen Kriegs von verschiedenen Besatzern regiert, zerstörte der Pfälzische Erbfolgekrieg die Pfalz in weiten Teilen. Als der Wiener Kongress 1814-1815 zahlreiche Grenzen neu festlegte, kam die Pfalz unter bayerische Regentschaft. König Ludwig I. liebte die Pfalz so sehr, dass er sich in Edenkoben die Villa Ludwigshöhe nach italienischem Vorbild erbauen ließ. Erst 1946 sollte Bayern die Pfalz endgültig verlieren …

Zunächst fallen sicher unsere vielen Burgen, der Pfälzer Wald, die nördlichen Vogesen, die schmucken Winzerdörfer und die Weinberge ins Auge. Kein Wunder – diese Schätze zeigen sich klar und deutlich in all ihrer Pracht. Darüber hinaus birgt diese

Die Walddusche bei Gleisweiler (oben) sowie Storchenzentrum mit Flugsimulator und Storchennest in Bornheim (links und rechts).

Region auch zahlreiche Geheimtipps, wie die historische Walddusche bei Gleisweiler im Hainbachtal. Von dem Arzt Dr. Ludwig Schneider 1848 erbaut, wurde sie durch einen Zufall im Sommer 1990 wiederentdeckt. 1991 starteten freiwillige Helfer deren Ausgrabung. Die einzige Walddusche dieser Art in Deutschland ist sicher im Betrieb von Anfang Mai bis Ende Oktober.

Mit Störchen nach Süden reisen Kinder, Jugendliche und Erwachsene mit Hilfe eines Flugsimulators im rheinland-pfälzischen Storchenzentrum in Bornheim. Das hervorragend ausgestattete Umweltbildungszentrum bietet großen und kleinen Forschern, Schulklassen und Familien ein vielfältiges natur- und museumspädagogisches Angebot, spannende Aktionen, kreative Workshops und Exkursionen zu dem Storch und seiner Lebenswelt.

Landau ist eine lebendige Stadt mit vielen Sehenswürdigkeiten und attraktiven Geschäften. Ruhe, Erholung und Besinnung genießen Sie etwa in der Katholischen Kirche Heilig Kreuz, auch Augustinerkirche genannt. Die gotische Bettelordensbasilika mit spätgotischem Kreuzgang und blühendem Kreuzgarten ist ein ganz besonderer Ort, um der Seele Gutes zu tun.

Interessant für Botaniker und Naturfreunde ist das Naturschutzgebiet „Kleine Kalmit", das zu den Gemarkungen in Landau-Arzheim und Ilbesheim gehört und sich durch eine einzigartige Kalkmagerrasen-Flora auszeichnet. Einige der dort vorkommenden Orchideenarten stehen unter strengem Schutz. Intensive landschaftspflegerische Maßnahmen, wie die extensive Beweidung oder eine Verhinderung der Verbuschung, gewährleisten, dass die „Kleine Kalmit" in ihrer Einmaligkeit erhalten bleibt. Die Kleine Kalmit (lat. mons calvus = kahler Berg) entstand während des Erdzeitalters Tertiär vor rund 60 Millionen Jahren während eines Bruchs im Oberrheingraben und besteht vorwiegend aus Kalk- und Muschelablagerungen. Den Boden bilden Landschneckenkalk, Mergel, Löss und Gehängelehm, bedeckt von einer eher dünnen Humusschicht, die auch den Weinen aus dieser Lage einen besonderen Charakter verleihen.

Das Kapitel Südpfalz möchte ich nicht schließen, ohne die Pfälzer Mundart anzusprechen. „Heijo" – ganz sicher! Sollten Sie in einer familiengeführten Pension übernachten und überlegen, um wen es sich bei den, so oft genannten „Babbe un Mamme" handelt, sollten Sie dringend wissen, dass Vater und Mutter damit gemeint sind.

Der Pfälzerwald bei der Madenburg.

LANDAU – 740 JAHRE JUNG – EINE STADT IM HERZEN EUROPAS

Ein Interview mit Oberbürgermeister Hans Dieter Schlimmer

GESCHICHTE – TRADITION UND MODERNE – WAS, HERR OBERBÜRGERMEISTER, ZEICHNET LANDAU AUS?

Wir sind eine Stadt im Herzen Europas, offen und dynamisch. Eine Stadt, die wächst, Wirtschaftsstandort, kultureller Mittelpunkt der Südpfalz, eine Stadt, die sich ihren ökologischen und sozialen Herausforderungen erfolgreich stellt. Zudem zeichnet Landau seine ungemein interessante Geschichte aus, die bis in die Gegenwart hinein reicht. Und Geschichte prägt ja immer auch Zukunft. Unsere Stadt hat schwierige Zeiten durchlebt. Denken wir an die Zeit des 30-jährigen Krieges, unsere Festungsgeschichte, unsere französische und bayerische Zeit. Die Menschen haben in all diesen Jahrhunderten gelernt, „Fremde" aufzunehmen, sie als Bereicherung wahrzunehmen, zumindest, wenn sie in guter Absicht kamen. Wir haben gelernt, uns letztendlich sehr pragmatisch auf immer neue Situationen einzustellen. Das reicht bis in die Gegenwart: Denken sie nur an die Verlegung der Landesgartenschau in das Jahr 2015. Herausforderungen gelassen anzunehmen und letztendlich zu bewältigen, ja, das würde ich schon als Stärke unserer Stadt bezeichnen.

Firgur am Saubrunnen in Bornheim.

ICH SCHREIBE ÜBER DIE SCHÄTZE DER PFALZ; WELCHES SIND FÜR SIE DIE SCHÄTZE DER STADT?

(Lacht) Zunächst die Menschen. Aber ganz bestimmt auch die Stadt insgesamt, die sich in den letzten Jahren unglaublich entwickelt hat. Nennen möchte ich die sichtbaren Teile unserer Festung, wie die Fortanlagen, unsere Stadttore mit den dazugehörigen Plätzen, der Ostpark mit dem „Schwanenweiher", die Parks insgesamt, unser Frank Loebsches Haus, die Jugendstil-Festhalle, die altstädtische Meerweibchenstraße. Selbstverständlich auch die Theaterstraße, unsere Ringstraßen, die nach der Entfestigung um die Jahrhundertwende 1900 entstanden sind. Landschaftlich gesehen, der Weg vom Lohgraben entlang der Queich nach Godramstein, frühmorgens ein Traum. Oder der abendliche Blick von unserer Kleinen Kalmit bei Arzheim.

WELCHE VORTEILE HAT DER WIRTSCHAFTSSTANDORT FÜR SEINE VIELEN BESUCHER, GERADE AUCH VON AUSSERHALB?

Ganz eindeutig unsere Vielgestaltigkeit, unser breit aufgestellter Mittelstand. Die Handwerker, der Handel, das produzierende Gewerbe, die Dienstleister, natürlich auch unsere hervorragenden Winzerbetriebe. Im Grunde können Sie die Wirtschaftsstruktur unserer Stadt mit einem Mosaik vergleichen, ganz unterschiedliche Steine von unterschiedlicher Größe, Farbigkeit, aber letztendlich fügt sich jeder zu einem perfekten Bild. Landau hat hervorragende Verkehrsanbindungen, beste Gewerbegebiete, insgesamt eine hervorragende „Stimmung" für unsere Unternehmen.

WAS ZEICHNET FÜR SIE DEN LANDAUER BÜRGER AUS?

Ich bin davon überzeugt, dass Menschen immer auch aus ihrer Vergangenheit geprägt werden. Betrachten wir den Beginn des Pfälzer Bauernkrieges in Nußdorf, das Aufkommen der Freiheitsidee während der französischen Revolution, Siebenpfeiffer und Wirth zur Zeit des Hambacher Festes, aber eben auch die notwendige Anpassungsfähigkeit in schwierigen Zeiten unserer Geschichte, dann hat sich daraus eine Bürgerschaft entwickelt, die frei und offen ihre Meinung äußert, von Herzlichkeit geprägt, ein aufgeschlossener Menschenschlag, der gerne „dischpetiert", aber eben auch unsere Stadt nach vorne bringt.

Kreuzgarten der Augustiner Kirche in Landau.

VOLLER SPANNUNG ERWARTEN WIR DIE LANDESGARTENSCHAU. WECKEN SIE DOCH EIN BISSCHEN VORFREUDE MEHR!

Es wird sensationell, ein grandioses Fest! Die Gartenschau wird alle erfreuen. Die Stadt, die Region, Rheinland-Pfalz, Baden-Württemberg, das Saarland, Frankreich – und darüber hinaus. Wer das Kasernenareal kennt, wie es noch vor vier Jahren war, der sagt schon heute, dass hier ein kleines Wunder geschehen ist. Ich bin davon überzeugt, dass wir nächstes Jahr alle begeistern.

WAS LIEBEN SIE BESONDERS AN IHRER STADT?

Ich liebe die Menschen, die Geselligkeit. Wenn man durch seine Stadt geht, kennt man sich, man spricht miteinander. Es ist einfach die Stadt in ihrer ganzen Quirligkeit, mit unglaublich vielen jungen Menschen. Das liegt natürlich auch an der Universität, an unseren vielen Schulen. Junge Menschen beleben eine Stadt. Ich liebe es, samstags über den Markt zu schlendern, einzukaufen, einen Kaffee zu trinken. Ich gehe gerne in die klassische Wirtschaft mit bodenständiger regionaler Küche, frisch gekocht, dazu wunderbar fruchtige Weine, so muss es sein. Leider komme ich viel zu selten dazu!

LIEBESERKLÄRUNG AN DEN GAST
Ein verborgenes Schatzkästchen

In Venningen, dem wunderschönen, kleinen Weinort in der Südpfalz, entdecken wir den Gutshof Bauer's Stuben. Von außen kaum einsehbar, ist man erstaunt, solch ein Kleinod vorzufinden. Genießen! Entspannen! Wohlfühlen! So lautet die Devise der Damen Bauer. In ihrem Anwesen empfangen sie den Gast mit familiärer Herzlichkeit. Bekannt auch für ihre ausgezeichneten Speisen, wurden sie 2011 mit dem 1. Platz für die beste regionale Küche in Rheinland-Pfalz prämiert.

Erleben Sie in der historischen Zehntscheune, im gemütlichen Gewölbekeller oder in dem lichtdurchfluteten Wintergarten eine Oase mit einem Stück Nostalgie. Die Sonnenresidenz gibt den Blick frei auf den romantischen Innenhof. Hinter der Schlemmerscheune wartet das Highlight des Hauses. Eingebettet in lila Lavendel, sattgrünem Buchs und mediterranen Zypressen, erhielt die Sonnenterrasse die Urkunde für „Schönste Außenplätze der Pfalz". Das ist Genießer-Gastronomie! Verantwortlich für das zauberhafte Ambiente, den herzlichen Service und das gute Essen ist das Dreigespann Rosemarie, Carina und Christin Bauer. Ihre Liebe zum Detail, zu tollen Produkten und einer besonderen Atmosphäre sind die Pfeiler, die ihre Gäste zu Stammgästen werden lassen.

„Gutes Essen ist für mich hohe Lebensqualität", sagt die Küchenchefin. Appetitanregend erzählt sie von ihren köstlichen Kreationen, vom Pfälzer Spargel, von aromatischen Pfifferlingsgerichten bis hin zur beliebten Martinsgans. Modern und erfrischend anders interpretiert Carina Noll-Bauer ihre Pfälzer Spezialitäten. Die erstklassigen Produkte dafür bezieht sie von der Metzgerei ihres Ehemannes Markus Noll in Hertlingshausen. Genießen Sie den herzhaftfeinen Kastaniensaumagen, die überraschende Pfälzer Pasta oder das Bärlauch-Saumagen-Carpaccio. Auf der Getränkekarte finden Sie leckere Weine aus dem eigenen Weinhaus wie von renommierten Weingütern der Region. Hier bleibt kein Wunsch offen.

Übernachten Sie nach einem schönen Abend in Bauers Stuben oder während eines Urlaubs in der „Villa Toskana". Dem Gästehaus der Extraklasse. Auf das Herzlichste!

GUTSHOF BAUER'S STUBEN
Altdorfer Straße 3
67482 Venningen
Telefon 06323/2734
www.gutshof-bauer.de

DAS NUDELIGE GLÜCK
Mehrfach ausgezeichnetes Weltformat

Nudeln machen glücklich. Ich habe nachgelesen, dass es an den komplexen Kohlenhydraten liegt; während des Verzehrs von Nudeln regt das Gehirn die Produktion des biochemischen Stoffs Serotonin an, der für das Ausströmen eines gewissen Glücksgefühls von einer zur anderen Nervenzelle verantwortlich ist.

Ein Glücksgefühl berührt mich bereits bei meiner Ankunft in Großfischlingen; werde ich doch von Gerlinde Thelen und Tochter Corinna Schreieck herzlichst empfangen. Corinna Schreieck, zuständig für Design und Marketing, führt mich durch das Heiligtum. In der Produktion legt man höchsten Wert auf schonende Verarbeitung und verzichtet auf Konservierungsstoffe, chemische Farbstoffe und Geschmacksverstärker. Ausschließlich bester Durum-Hartweizengrieß, Wasser und Gemüse wie Paprika, Rote Bete, Tomate und Spinat finden Verwendung. Unter einem Vakuum mischt die Nudelpresse alle Zutaten, um sie danach sorgfältig zu verbinden. In einem Schüttelvorgang lässt man die Nudeln zunächst zehn Minuten bei 90 Grad trocknen, bevor sie für etwa 30 Stunden bei Niedrigtemperatur von 45 Grad ihre Vollendung finden. Erleben auch Sie bei einer Betriebsbesichtigung die Entstehung pfiffiger Kreationen.

Alles begann mit der Erfindung der Traubennudeln von Heinz Thelen. Heute übernimmt Corinna Schreieck das aufwändige, fantasievolle Design, das mit genauesten statischen Zeichnungen beginnt und den Abschluss in Messing-Matrizen findet, die, eingesetzt in der Nudelpresse, für individuelle Formen sorgen. Gleich ob neue Verfahrenstechniken notwendig sind – hier erfüllt man die außergewöhnlichsten Wünsche. Unternehmen und Privatkunden erklimmen weltweit mit Pfalznudel den höchsten Nudelberg!

Im Nudelladen erwerben Sie die köstlichen Glücklichmacher. Motiv-Nudeln, Nudeln mit besonderem Geschmack und Klassiker. Nur zum Beispiel: Werbenudeln für Ihr Unternehmen, Nudeln in Traktor-, Feuerwehr- oder Blumenform. Bärlauchnudeln, Trüffelnudeln, Kastaniennudeln, Kaffeenudeln – Nudelherz, was willst du mehr – vielleicht lecker essen? Das können Sie gerne tun: Im Restaurant des sozial engagierten Familienunternehmens …

GUTTING PFALZNUDEL
Hauptstraße 43/45
67483 Großfischlingen
Telefon 0 63 23 / 57 19
www.pfalznudel.de

MIT ENGELSFLÜGELN
Paradiesische Träume werden wahr

Im herrschaftlichen Landrestaurant Goldener Engel ist Sandra Anselmann Ihre Gastgeberin. Unter ihrer professionellen Leitung hat die Familie Anselmann 2013 die Gastronomie wieder selbst übernommen. Ihre Liebe zu diesem Haus steckt in jedem noch so kleinen Stück und weht erquicklich durch all die gepflegt eingedeckten freundlichen Räume. Helles Holz umfängt die Gäste in der gemütlichen Winzerstube. Gegenüber das weitläufige Hauptrestaurant mit seinen Gardinen im zarten Pastellblau. In südländischen Farben dominierend, lädt der Engelsaal zum Festefeiern oder zu geschäftlichen Tagungen ein. Eine brillante übergreifende Rundbogentür führt direkt in den Hofgarten. Genießen Sie die Stille zwischen Phönix-Palmen und üppigem Oleander. Ein echtes Bonbon befindet sich im Nebengebäude. Als Sandsteingemäuer ausgebaut, bietet sich der Gewölbekeller „Südliche Weinstraße" für Feierlichkeiten und Events geradezu an. Gegenüber rückt man eng zusammen. In der Kaminlounge knistert ein wohliges Feuer. Hier schmeckt in der Adventszeit der würzige, dampfende Glühwein. Dazu verwöhnt Sie die bekannt gute Küche mit leckeren Spezialitäten. Die Speisekarte bietet typische Pfälzer Gerichte, deftige Hausmannskost und mediterrane Zubereitungen. Zur Kaffeestunde am Nachmittag duftet es nur so nach hausgebackenen Torten und Kuchen. Lassen Sie sich von einem kompetenten Service-Team verwöhnen.

Ein Höhepunkt ist der phänomenale Wein- und Biergarten. Inmitten kleiner Nischen finden Sie Ihr trautes Plätzchen, umgeben von Schatten spendenden Büschen und Bäumen. Lauschen Sie der Idylle und erfreuen Sie sich des plätschernden Brunnenwassers. Das familienfreundliche Haus hat eigens für seine kleinen Gäste einen Spielplatz in sicherer Umgebung eingerichtet. Erleben Sie Sommerabende unter einem klaren Sternenhimmel und freuen Sie sich auf die korrespondierenden Weine & Sekte vom renommierten Familienweingut Provis-Anselmann.

Vertrauensvoll wenden Sie sich bei der Vorbereitung eines Familienfestes oder einer geschäftlichen Veranstaltung an Sandra Anselmann. Hingebungsvoll unterstützt sie Sie von der Planung bis zur Durchführung. Auf Ihren unvergesslichen Tag!

LANDRESTAURANT GOLDENER ENGEL
Staatsstraße 30
67483 Edesheim
Telefon 0 63 23 / 45 33
www.restaurant-goldener-engel-edesheim.de

SCHLOSS EDESHEIM
Luitpoldstraße 9
67483 Edesheim
Telefon 0 63 23 / 94 24 0
www.schloss-edesheim.de

BEI HOFE RESIDIEREN
Oase des tiefsten Glückes

Schon Lieselotte von der Pfalz schwärmte von ihrer Heimat als gelobtem Land. Gewiss hätte die Prinzessin weitaus lieber im schönen Schloss Edesheim verweilt als am Hofe von Versailles. Dieses hochherrschaftliche Areal, inmitten eines märchenhaften Parks und sonnenbeschienener Weinberge gelegen, zeigte sich damals schon überaus verwöhnt vom milden Klima. Im Jahr 756 erstmals beurkundet als Benediktinerabtei, blickt das Märchenschloss in seiner Historie auf Zeiten des blühenden Reichtums, aber auch auf zwischenzeitliche Zerstörung zurück.

Seit 2001 befindet sich das Vier-Sterne-Haus im Besitz der Unternehmensgruppe Dr. Lohbeck. Deren Philosophie „Um die Zukunft erfolgreich zu gestalten, muss man die Vergangenheit betrachten und begreifen" zeigt sich im durchweg gelungenen Konzept. Hoteldirektor Andreas Lorenz und sein authentisches Team sind perfekte Gastgeber. Schloss Edesheim – ein Hideaway; übersetzt bedeutet das so viel wie: versteckter Ort. Der Gast findet hier seinen Rückzugsplatz, um gleichzeitig sich selbst erleben zu können. Im Stile des Biedermeier wohnen Sie in einzigartigen Suiten oder behaglichen Zimmern und entspannen in luxuriösen Marmorbädern. Durchwandern Sie die wunderschönen Außenanlagen und finden Sie Ihr persönliches Plätzchen.

Im prachtvollen Rahmen verwöhnt Sie Küchenchef Sebastian Köhn auf höchstem Niveau. Erleben Sie die Kultur des feinen Speisens in Verbindung mit vortrefflichen Weinen. Für aktive Gäste empfiehlt sich die Buchung von anspruchsvollen Arrangements und für Tagungen stehen helle Räumlichkeiten mit ausgefeilter Technik zur Verfügung. Kulturelle Finessen sind wohltuend für die Seele. Im Wittelsbachkeller wird ein erstklassiges Programm aus Musik, Theater und Kabarett in Verbindung mit vorzüglichen Gaumenfreuden kredenzt. Die Open-Air-Festspiele am Schlossgraben sind in den Sommermonaten ein Highlight und vielbesucht.

Schloss Edesheim – das Hochzeitsschloss für glückliche, liebende Paare. Vermählen Sie sich im Trauzimmer und feiern Sie mit Verwandten und Freunden den schönsten Tag Ihres Lebens im festlichen Ambiente des historischen Ballsaals.

REZEPT SEITE 192

EIN BESONDERER SCHATZ
Der Rhodter Rosengarten

Spannender kann ein Höhepunkt der Pfälzer Weinkultur nicht sein. Der Tradierung zufolge steht am östlichen Ortsrand von Rhodt unter der Rietburg, malerisch von Rosen umrankt, der älteste Weinberg der Welt. Etwas krumm sind sie in den vier Jahrhunderten geworden, die geschichtsträchtigen Traminer Rebstöcke, und doch liefern sie Jahr für Jahr den für die Traminertraube typischen Wein mit elegantem Rosenbukett und kräftigem Aroma. Kostbare Tropfen werden alljährlich in kleiner Auflage in – historisch angelehnt etikettierten – Flaschen abgefüllt.

260 Jahre Weinbau Familie Oberhofer in Edesheim! Einst aus Tramin in Südtirol eingewandert, sind sie heute die Besitzer, die Hüter und die Bewahrer des seit 1968 unter Naturschutz stehenden Schatzes. 2005 haben Heidi und Stefan Oberhofer die Leitung des traditionsreichen Weingutes übernommen. „Bedingt auch durch tiefe Wurzeln", erzählt Heidi Oberhofer, „trotzt der Wingert den Zeiten und es scheint jeden Frühling, als könne er es kaum erwarten, seine Triebe neu zu entfalten – er ist stets früher dran als danebenliegende Weinberge." Der Erwerb des altehrwürdigen Kleinods führte im Weingut bei Stefan und Heidi Oberhofer intern zum Umdenken. Entsprechend der Philosophie, „gesunde und reife Trauben zu ernten, damit der natürliche Ablauf im Keller nicht gestört werden muss", legen sie auf einen verantwortungsvollen Anbau allerhöchsten Wert. Nach der Traubenlese werden im Betrieb mehrfach prämierte Spitzenweine aus einem reichhaltigen Lagenportfolio gekeltert, das von einer vielfältigen Beschaffenheit der Pfälzer Böden begünstigt wird. Am liebsten trinkt man hier Riesling. Faszinierende Rotweine reifen langsam und schonend in kleinen Eichenfässern.

Die vorzüglichen Rebengewächse können Sie in Oberhofer's Vinothek kosten und kaufen. Dazu bieten tüchtige Hände Kleinigkeiten wie knusprige Laugenbrezeln, Käse- und Schinkenplatten oder frischgebackenen Flammkuchen an. Ihre Weinreise zu Oberhofer's – Ihr Genuss par excellence.

WEINGUT STEFAN OBERHOFER
Staatsstraße 1
67483 Edesheim
Telefon 0 63 23 / 94 49 11
www.weingutoberhofer.de

WOHLFÜHLEN IM REBENMEER
Naturschauspiele hautnah erleben

Inmitten des wundergleichen Panoramas des Wohlfühlhotels Alte Rebschule in Rhodt könnte man annehmen, in einem Land angekommen zu sein, in dem Milch, Honig und güldener Wein fließen. Wo man früher Reben züchtete, setzt Sonja Schäfer, die von ihren Eltern in der Leitung des Hauses unterstützt wird, auf Werte wie Verlässlichkeit, verbunden mit einer herzlich-persönlichen Ausstrahlung ihres professionellen Teams. Wir treffen uns in der Cocktailbar mit Kamin. „Es war ein glücklicher Zufall", sagt sie, „dass zu dem Zeitpunkt, als ich nach einem Anwesen Ausschau hielt, die Alte Rebschule zum Verkauf stand."

Verwurzelt mit der elterlichen Weintradition und durch das Weingut von Ehemann Bernd Schäfer in Edenkoben, sind edle Gewächse Familienehre. Innige Bekanntschaft schließen Sie ausschließlich mit Pfälzer Tropfen. In den Gästezimmern und Suiten, die mit Balkon oder Terrasse, sanfter Farbgebung, klaren Formen, natürlichen Materialien und außergewöhnlichen Details aufwarten, ist der sorgsame Leitgedanke „Rundum Wohlfühlen mit Wein" allgegenwärtig. Die wohltuende Stille im großzügigen Hotelbereich zeichnet ein exzellent realisiertes Feingefühl aus. Abends serviert man Ihnen ein leichtes Vier-Gänge-Menü in Form einer vitalen, saisonalen, mediterran angehauchten Frischeküche, die auch für Fischliebhaber und Vegetarier Genussvolles bietet. Am Frühstückbuffet stärken Sie sich an einer königlichen Auswahl. Danach wartet das Beauty-Vital-Reich. Wohlfühlanwendungen mit Vinotherapie und Traubenkernöl, ausgiebiges Schwimmen im Panoramabad, Gymnastik im Fitnessraum und viele Annehmlichkeiten mehr sind ganzheitlicher Balsam. Für Unternehmen stehen vier modern eingerichtete Tagungsräume zur Verfügung. In Zusammenarbeit mit Winzern bietet man fachlich begleitende Weinproben und kulinarische Events an; ebenso können die Gäste alle Weine zum Winzerpreis erwerben. Besuchen sollten Sie auch das urig-gemütliche, pfälzische Stimmung ausstrahlende Gasthaus Sesel und genießen Sie traditionelle Spezialitäten.

WOHLFÜHLHOTEL ALTE REBSCHULE
Theresienstraße 200
76835 Rhodt unter Rietburg
Telefon 0 63 23 / 7 04 40
www.alte-rebschule.de

HOMMAGE AN DIE FREUDE
Tradition trifft Moderne

Burrweiler: Auf einer der schönsten Pfälzer Straßen geht es steil bergauf. Gehen Sie diese „Straße der Einmaligkeit", blicken Sie ins grüne Tal und schweifen Sie weit hinaus in die Ferne. Ihr Weg führt Sie direkt zum höchstgelegenen Weingut der Pfalz, dem Boutique-Weingut Sankt Annaberg mit dem Restaurant Sankt Annagut. 1998 wurde der Betrieb von Familie Lergenmüller übernommen. Hier schenkt man besonders edle und seltene Tropfen aus den fruchtbaren Terrassen und Südhanglagen „Burrweiler Schäwer" und „Gleisweiler Hölle" ein. Mineralische Buntsandsteinböden und seltener Schiefer verleihen den Gutsweinen eine unvergleichbar harmonische Fülle. Freuen Sie sich auf Raritätenweinproben im unvergleichbaren Ambiente des Gewölbekellers, serviert mit knusprig-frischem Flammkuchen, und erfahren Sie während exklusiver Weinbergführungen Wissenswertes über einen spezifischen Anbau.

Wo einst Napoleons Soldaten das Gebiet besetzten, entstand über die Jahrhunderte das Winzerrestaurant. Namensgeberin ist die Wallfahrtskapelle Sankt Anna nur wenige Schritte weiter aufwärts. Mit herzlicher Gastlichkeit heißt Sie die Familie Lergenmüller in klassisch-schönen Räumen willkommen. Saisonal orientiert, regional verbunden und mit besten Produkten zubereitet, lassen Sie sich zu den vortrefflichen Weinen à la carte Köstlichkeiten schmecken. Freuen Sie sich auf Wild aus eigener Jagd, Pfälzer Spezialitäten und auf extravagant interpretierte deutsche Klassiker. Die Kreationen des Küchenchefs, wie etwa „Cerf de Chef", beste Stücke vom Pfälzer Hirsch in Dornfelder, Gemüse und Weckknepp, verheißen kulinarische Wonnen.

In der warmen Jahreszeit nehmen Sie auf der herrschaftlichen Terrasse Platz. Inmitten des verschwenderisch blühenden Gartens haben Sie die zutiefst erfüllende Aussicht auf die Rheinebene, den Odenwald und auf den Schwarzwald.

Individuell und charaktervoll erstrahlen zehn Gästezimmer und ein Appartement im neuen Gewand. Wanderer, Urlaubsgast und Geschäftsreisender, in dieser stillen Umgebung fühlen sich alle wohl. Lassen Sie sich berühren!

WEINGUT SANKT ANNABERG &
RESTAURANT SANKT ANNAGUT
Sankt-Anna-Straße 203
76835 Burrweiler
Telefon 0 63 45 / 32 58
www.sankt-annagut.com

FABELHAFTES FEUERWERK
Weltküche in Gleisweiler

„Wir haben Feuer für die Gäste", sagt Michael Hebel. Wer seine Kochkunst kennengelernt hat, weiß, was der passionierte Koch meint, und er weiß sicher, dass er wiederkommen muss. Ausgebildet im Ramada Renaissance Hotel in Karlsruhe, bereiste er in den über zwanzig Jahren seiner Wanderschaft sechs verschiedene Länder. Seine Stationen führten ihn zu Vier- und Fünf-Sterne-Häusern in England, der Schweiz, nach Dubai, in die Karibik und schließlich nach Johannisburg. Dort, in Südafrika, hatte er sein eigenes Restaurant und er lernte zugleich eine außergewöhnliche Frau kennen. Seine mitreißende Gattin Adele. „Es war eine wunderbare Zeit", berichtet Adele Hebel, „aber den Eltern zuliebe war es an der Zeit, nach Deutschland zurückzukehren." Letztendlich ist es dem Vater Michael Hebels zu verdanken, dass das weitgereiste Paar im Erholungsort Gleisweiler das Restaurant „Zur Alten Küferei", am 25. August 2011 sozusagen „blind" übernommen hat. Das Traditionshaus, in dem einst der Dorffassbinder sein Handwerk versah, war zu der Zeit seit acht Monaten geschlossen.

Im urgemütlichen Restaurant sorgt sich Adele Hebel blendend um Ihr Wohl. Hier nehmen Sie zwanglos Platz und kommen mit anderen Gästen ins Gespräch. In der Küche wirkt ein stolzer Koch. Michael Hebel „guckt, was er tut". Von seinen Reisen hat er uns seine Schätze, seine Spezialitäten mitgebracht, denen in regelmäßigen Abständen gehuldigt wird. Ich komme gerade recht, es sind „Arabische Wochen". „Es macht Spaß, arabisch zu essen", versichert Adele Hebel. Ich koste den gereichten samtig zarten Hummus mit Chili und Pita-Brot und empfinde große Vorfreude auf weiteren Genuss. „Wir sind kein Pfälzer Restaurant, wir sind ein Restaurant für die Pfälzer." Und so überrascht der Chef „seine Pfälzer" mit einem vorzüglichen Speisenangebot. Köstlich gewürzt, mit vielen frischen Kräutern, begeistert es auch Vegetarier und Veganer. Leckere Weine aus der Region und frisches Bellheimer Bier schmecken dazu hervorragend.

Für ihre Spezialitätenwochen sind Hebels mittlerweile bekannt und beliebt – auch bei „Nichtpfälzern".

REZEPT SEITE 189

ZUR ALTEN KÜFEREI
Ehepaar Hebel
Bergstraße 12
76835 Gleisweiler
Telefon 0 63 45 / 94 96 51 5
www.zuraltenkueferei.de

DIE SPRACHE DER MÖBEL
Beseelte Kommunikation

Vor Jahrzehnten, als noch nicht die Technik in den Kinderzimmern Einzug hielt, saß ein Bub im Schatten eines Baumes des elterlichen Gartens und schnitzte zeitvergessen Holzfiguren; der Anbeginn von Stefan Schowalters Karriere. Zusammen mit der Familie führt er heute in Albersweiler sein weit über die Region hinaus bekanntes Antiquitätenhaus. „Antiquitäten", sagt er, „haben ihre eigene Geschichte; wie unsere Vorfahren sind sie Brücken zur Vergangenheit. Der Mensch ist nur zu Gast auf dieser Welt, unsere Möbel stehen als Zeitzeugen für vergangene Jahrhunderte."

Stefan Schowalters Schwerpunkt liegt auf der Epoche des Klassizismus in der Zeitspanne von 1780 bis 1850. Lassen Sie sich begeistern von frühklassizistischen Exemplaren des Louis-seize mit klar hervorgehobenen geometrischen Formen und Profilierungen. Klar, monumental, oft mit schwarzen Säulen und Bronzeverzierungen, überzeugen elegante Möbel des Empires. Ähnlich der Biedermeier: Reduzierter und nicht so repräsentativ lebt er vom Zauber seiner Holzmaserung und steht für Häuslichkeit, welche sich in Funktionalität und Nützlichkeit zeigt. Zukunftsorientiert verbindet Stefan Schowalter handwerkliche Perfektion mit der Tradition alter Meister. Mit Recht bezeichnet man den Kauf einer restaurierten Antiquität als Naturschutz; so bestehen die Oberflächen meist aus Naturmaterialien wie Schelllack, Wachs oder Öl. Oft kommen seine Kunden auch aus ideellen Gründen. Wunscherfüllend bereitet er zum Beispiel Omas Lieblingssessel oder den Schreibtisch des Urgroßvaters auf.

Kreativ – modern – zeitlos – klassisch! Nach den alten Regeln für Proportion und Nachhaltigkeit schreinert Stefan Schowalter in seiner Möbelmanufaktur dem anspruchsvollen Kunden, gleich ob für den privaten oder geschäftlichen Bereich, die ideale Einrichtung auf Leib und Seele. Hier finden Sie Planung und Umsetzung in einer Hand. Vertrauen Sie dem stilistischen Wissensspektrum eines ehrgeizigen Schaffers – erleben Sie fließende Übergänge und freuen Sie sich auf das Ergebnis: Es wird passen wie angegossen.

ANTIQUITÄTEN
SCHOWALTER & PARTNER
Hauptstraße 54
76857 Albersweiler
Telefon 0 63 45 / 84 80
www.antiquitaeten-pfalz.de

DIE SONDERBARE GESCHICHTE,
wie Dom Pérignon auf den Wilhelmshof kam ...

Das Wein- und Sektgut Wilhelmshof in Siebeldingen: Träger des ersten Bundesehrenpreises für Sekt! Vorfreude und Spannung erleben Wein- und Sektliebhaber, wenn sie den Wilhelmshof der Familie Roth-Ochocki kennenlernen, vielleicht anlässlich einer Weinprobe. Die beste Deutsche Sektkollektion Brut bis Extra Brut können sich Kenner wie Novizen in die Tulpe gießen lassen: Fünf erlesene Sekte legen Zeugnis ab von der Extraklasse dieses höchstprämierten Gutes.

Schon während des Dreißigjährigen Krieges leben Vorfahren der Winzerfamilie in Siebeldingen. Im Jahr 1949 füllt Wilhelm Jung Junior zum ersten Mal Wein auf Flaschen. 1975 übernehmen mit Tochter Christa Roth-Jung und Ehemann Herbert Roth zwei Diplom-Önologen mit eliteschulgleichen Prinzipien das elterliche Weingut und beginnen mit der Sektherstellung; für jeden Sonntag im Jahr eine Flasche sollte es schon sein. Als Jahre später Tochter Barbara während des Studiums in Geisenheim ihrem Ehemann, dem aus Franken stammenden Thorsten Ochocki, begegnet, vollzieht sich eine wahrhaft göttliche Fügung – vermutlich unter Schutz und Weihe des Champagner-Heiligen Dom Pérignon: Der hätte nämlich seine Freude an den Erzeugnissen dieses Hauses! Bis zu 25 Jahre (!) darf der Patina-Sekt auf der Hefe ruhen, ein einzigartiges Privileg ...

„Während der Lese können wir uns auf unsere bewährten 25 Helfer verlassen. Jeder muss seinen Job verstehen und auch das Reifestadium der Trauben erkennen", erklärt Barbara Roth, die junge Chefin. Zu entdecken sind sagenhafte Weinschätze, die unter Idealbedingungen im stillen Sandsteinkeller ungestört reifen. Der gute alte Pfälzer Sandstein speichert die überschüssige Luftfeuchtigkeit und gibt sie kontrolliert ab: Das wirkt wie eine permanente Liebeserklärung an die in Holzfässern ausgebauten Rebengewächse. Die sollten Sie unbedingt auch verkosten, denn Thorsten Ochockis heimliche Liebe gilt dem Spätburgunder. Mit Erfolg, denn die Liste der nationalen und internationalen Auszeichnungen seiner Rotweine ist enorm.

WILHELMSHOF
Queichstraße 1
76833 Siebeldingen
Telefon 0 63 45 / 91 91 47
www.wilhelmshof.de

LEBENSQUALITÄT VON BEPPLER
Das Besondere erleben

Klein und fein haben wir vor über 25 Jahren am Kleinen Platz in Landau angefangen", erzählt Petra Beppler. Mittlerweile sind sie und Ehemann Bernd Beppler in Nußdorfs Lindenbergstraße im endgültigen Domizil angekommen. Getreu ihrem Slogan „Das Besondere erleben" setzen sie ihre Konzeption anhand dreier Betriebssäulen – Beppler Wohnen & Garten Classic, Beppler Design und Beppler Kreativideen für Wohnen und Garten – in die Tat um. Ständig europaweit unterwegs für ihre Kunden, entdecken und konzipieren sie „Wohnfühlkonzepte" mit Unikatstatus und ausgefallene Gartenideen mit einem dezenten Hauch von Luxus. Beraten! Planen! Umsetzen! Hier erleben Sie alles aus einer Hand!

Außergewöhnlich – der Brunnenzauber bei Beppler. Voller Formgefühl entwerfen die Experten exklusive Brunnen für den Innen- und Außenbereich. Hierbei wird hauptsächlich mit Glas und Stahl gearbeitet. Lassen Sie sich von markanten Exemplaren innerhalb der Ausstellung inspirieren. Modern, klassisch und zeitlos bereichern Bepplers innovative Wohninspirationen Ihr Zuhause, das feine Hotel oder gepflegte Gartenanlagen. Sensibilität und Prägnanz gehen einher mit intensiver Stilberatung und viel Zeit für die Individualität eines jedes Kunden. In der unvergleichlichen Erlebniswelt eines imposanten Sandsteinhauses kaufen Sie gemütlich ein. Auf mehreren Etagen finden Sie all die Dinge, die Ihr Leben verschönern. Es erwarten Sie hochwertige Lampen, Stoffe, Kissen, Tischwäsche, Vorhänge, Wohn-, Bad- sowie Gartenaccessoires und vieles mehr, auch für den kleinen Geldbeutel. Zu Bepplers renommierten Partnern gehören Firmen wie L'Occitane, Lene Bjerre, Leitner und Vincent-Sheppard.

Bei Ihrer Festgestaltung vertrauen Sie beruhigt dem kompetenten Beppler-Team. Geschmackvoll übernehmen sie vor Ort die anspruchsvolle Floristik und die Dekoration. Begleiten Sie Beppler durch ein spannendes Jahr. Immer für Überraschungen gut, erfreuen sie mit allmonatlichen Events, deren Höhepunkt die sagenhafte Adventsausstellung ist, und Kreativworkshops.

BEPPLER WOHNEN UND GARTEN
Lindenbergstraße 39
76829 Landau
Telefon 0 63 41 / 96 88 61
www.beppler.de

SEHNSUCHT NACH AFRIKA
Das Besondere bewahren

Die Landauer lieben ihren Zoo. Beschert er doch Alt und Jung einen erlebnisreichen wie erholsamen Tag. Mit dem Bau einer Lodge, direkt an die naturnah gestaltete Afrika-Anlage, konnte die Stadt zugleich Michael Pytel, einen erfahrenen Vollblut-Gastronomen, gewinnen. „Schnell habe ich erkannt", sagt er, „dass ich hier meine Intention ausleben kann." Michael Pytel lächelt verschmitzt und bezeichnet sich selbst als „afrikaverrückt". Mit seiner Frau Christiane hat er im Oktober 2010 Pytel`s Gastronomie im Zoo eröffnet. Voller Harmonie fügt sich das Restaurant in die Zoolandschaft. Die Einrichtung des Innenraumes haben Pytels übernommen. Ein Interieur, geprägt von eleganten, klaren Linien und ausgestattet mit hochwertigen Details, wie etwa Porträts der Samburu-Krieger, einfühlsam in Szene gesetzt von dem Westheimer Künstler Timo Heiny. Die Liebe und Wertschätzung zur afrikanischen Küche entstand bei den Pytels durch ihre Reisen nach Kenia, Tansania und zur Gewürzinsel Sansibar. Schmecken, riechen, sehen: Was kann einprägender sein? Kein Wunder, dass ihre afrikanischen wie australischen Buffets sich immer größerer Beliebtheit erfreuen.

„Wir treffen mit unserem Angebot den Gaumen der Gäste", sagen beide übereinstimmend. Orientiert an der Saison, wartet die abwechslungsreiche Karte mit vielen Köstlichkeiten auf. Ergänzt wird sie mit Pfälzer Spezialitäten, schmackhaften vegetarischen Gerichten und afrikanischen Speisen, wie dem herzhaften Kerrie en boontjes (Lammcurry mit weißen Bohnen). Beim Einkauf und der Zubereitung der Speisen legt Michael Pytel großen Wert auf frische, gesunde Produkte. Die Fische kommen aus nachhaltiger Fischerei und sauberen Aquakulturen. Die köstlichen Weine bezieht er ausschließlich von Landauer Winzern und der Bierliebhaber genießt ein kühles Bellheimer Bier. Nach Kassenschluss des Zoos ist das Restaurant im Sommer ab 18 Uhr und im Winter ab 16 Uhr frei zugänglich.

Für Familienfeste aller Art stehen Ihnen Michael und Christiane Pytel mit Herz und Kompetenz zur Seite. Feiern Sie doch in einer afrikanischen Lodge, inmitten einer der schönsten Parkanlagen unserer Heimat.

PYTEL'S „IM ZOO"
Hindenburgstraße 14
76829 Landau
Telefon 0 63 41 / 2 83 09 20
www.im-zoo.de

NEU ENTDECKEN TAG FÜR TAG

Dies & Das by Hannelore Helm

Angenommen, Sie suchen das „Ausgefallene" und Sie wollen einem Menschen, der Ihnen nahesteht, besondere Freude bereiten. Sie sind ratlos, was Sie schenken möchten, weil dieser Mensch eigentlich „schon alles hat"; dann gehen Sie zu Hannelore Helm und zu ihrem etwas versteckt am Kleinen Platz liegenden Dies & Das. Inspirative Impulse verleihend, warten besondere Stücke in gemütlicher Atmosphäre darauf, von Ihnen entdeckt zu werden. Wagen Sie das Abenteuer und lassen Sie sich von Hannelore Helm und ihrem kleinen Team liebenswert wie kompetent beraten und bei einer guten Tasse Kaffee mit angenehmer Musik verwöhnen. In einem Hause, in dem Hektik ein Fremdwort ist, wählen Sie sorgfältig in Ruhe aus. Kosten Sie aber auch das emsige Treiben im Laden bei Hochbetrieb.

Es ist die besondere Zusammenstellung, die unendliche Freude auf Entdeckung weckt. Gefunden werden möchten schöne, außergewöhnliche Dinge für den kleinen Geldbeutel genauso wie exklusive und hochwertige Exemplare. Hannelore Helm, die Frau mit dem „Händchen für alles Schöne", wird nicht müde, auf großen Messen oder kleineren, regionalen Ausstellungen das Besondere zu suchen. So ist sie stets in Kontakt mit führenden Markenlabels wie Lambert, Fink, Coeur de Lion, Langani, Slamp oder Ronald Schmitt; doch beständig führt sie ihre Feinfühligkeit auf die Spur neuer Künstler, mit denen sie das Gespräch sucht, um Sie vor Ort mit der einen oder anderen Rarität zu begeistern.

Wohnkultur – und Lebensqualität in Ihrem Zuhause. Gönnen Sie sich persönlich das Einmalige und verschönern Sie Ihr eigenes Reich oder erfinden Sie sogar Ihr Heim neu. Das Dies & Das bietet Ihnen dazu einen besonderen Service an; Sie testen zu Hause, bevor Sie sich endgültig entscheiden. Herzensfreude und reichen Erfindungsgeist wünscht Ihnen Ihre Hannelore Helm.

DIES & DAS
HANNELORE HELM
Kleiner Platz 12
76829 Landau
Telefon 0 63 41 / 2 02 62
www.hannelorehelm.de

ANNO 1798
Café Oswald

CAFÉ OSWALD
Marktstraße 110
76829 Landau
Telefon 0 63 41 / 8 68 75
www.cafeoswald.de

Oft schwärmt meine fast 80-jährige Mutter von ihrer Jugendzeit und wie sie sonntags gemeinsam mit Freundinnen über die Felder unseres Dorfes hinweg hinein nach Landau zum Café Oswald marschierte. Damals und heute – einen Katzensprung vom Französischen Tor entfernt, finden Sie das älteste Café der Pfalz, das seine stolze Geschichte herausragenden Konditoren verdankt. Die Anfänge des Traditionshauses lassen sich von 1798 bis 1970 auf die Familie Oswald zurückverfolgen. Danach übernahm Konditormeister Christian Schmidt die Führung. Mit sicherem Blick für angehende Konditoren stellte er 1973 Hans Ruckstuhl als seinen Lehrling ein. Was zu diesem Zeitpunkt keiner ahnte – Hans Ruckstuhl sollte mit der Jahrtausendwende dessen Nachfolge antreten.

Hans Ruckstuhls Genusswelt. Um seine Gäste anspruchsvoll zu verwöhnen, besuchte der Konditormeister auch die weltberühmte Richemont Fachschule in Luzern. Hans Ruckstuhl stellt seine handgefertigten Delikatessen mit besten, unverfälschten Zutaten her. Treten Sie ein und wählen Sie in Ruhe aus. Im eleganten Ambiente erwartet Sie täglich ein Angebot von dreißig feinen Torten- und Kuchenspezialitäten. Vorzügliche Kreationen wecken immense Vorfreude auf lukullisch-süße Versuchungen. Freitags und samstags ist Blechkuchentag. Zarter Butterkuchen, knuspriger Butterstreusel, verschiedene Striezel und Topfen-/Apfelstrudel, die warm mit Vanillesauce serviert werden, erwarten Sie zur Kaffeestunde. Beliebt ist auch der Mohnkuchen oder der Prasselkuchen aus hausgemachtem Blätterteig – und stadtberühmt: Der Christstollen Kurfürst von Sachsen. Gönnen Sie sich, voller Pläsier, drinnen oder draußen Ihre Stunde und trinken Sie dazu Spezialitäten der Manufaktur Heimbs.

Wunderbar, auch ideal zum Verschenken, sind die voller Handwerkskunst hergestellten Pralinen- und Trüffelspezialitäten. Besonders zu empfehlen: Landauer Nüsse aus zartschmelzendem Nougatkrokant und edle Baumkuchenspitzen. Zu jeder Saison gibt es, aufwändig schön dekoriert, Figuren aus bester Schokolade. Und für das Fest Ihres Lebens – exquisite Hochzeitstorten, auch für die große Gesellschaft!

EIN LANDAUER HERZSTÜCK
Außergewöhnliches erleben

Die Speisekarte vom 25. Oktober 1911 lädt zum Bärenfleischessen ein. Eine Portion gebratene Bärentatzen mit Salat zum Preis von 1,50 Mark. Dieses Zeugnis längst vergangener Zeiten halten Gäste beim Betrachten der Karte im Gasthaus „Zum Weißen Bären" in den Händen. Zur steten Erinnerung an diese Zeit werden noch heute spezielle Gerichte auf dem von Jürgen Dötz entworfenen Bärentapser serviert. Inmitten Landaus historischer Altstadt, im kultur- und denkmalgeschützten Anwesen, verwöhnt man bereits in dritter Generation die Gäste mit einer gutbürgerlichen deutschen Küche. Selbstverständlich wird auch den Pfälzer Traditionen ein gebührender Platz eingeräumt.

Eröffnet im Jahr 1640, blickt das älteste Gasthaus Landaus auf eine stolze Geschichte zurück. Seit 1938 befindet es sich im Besitz der Familie. In einer aufwändigen Sanierungsaktion, beginnend im Jahr 2001, gelang es Tanja und Jürgen Dötz, sowohl den traumhaft schönen Innenhof als auch die verwunschen erscheinende Holzgalerie getreu den Plänen von 1748 wiederherzustellen. Um den Originalcharakter zu vollenden, wurden im Jahr 2008 zusätzlich neue Isoliersprossenfenster eingesetzt. Im komplett renovierten Restaurant sorgen mediterrane Farben für Wohlbefinden und Schwung. Kein Wunder, dass das Gasthaus auch beim jüngeren Publikum immer beliebter wird. Gekocht wird bodenständig und mit frischen Zutaten. Tanja und Jürgen Dötz loben die gute Zusammenarbeit mit der Metzgerei Weisbrod, direkt in der Nachbarschaft. „Von dort beziehen wir immer unsere leckeren Pfälzer Spezialitäten", erklären sie einstimmig.

Genießen Sie die heißen Sommertage auf der einladenden Terrasse oder lassen Sie es sich im angenehm kühlen Innenhof so richtig gutgehen. Trefflich feiern lässt es sich in der Schalanderstube. Dort, wo einst Bierbrauer ihre Pausen abhielten, ist ein schöner Raum für Feste entstanden. Zum Staunen bringt den Gast eine Vielfalt an beeindruckenden Fotografien aus Landaus Stadtgeschichte, historischen Plänen und alten Gemälden. Lebendige Bilder aus vergangener Zeit.

TRADITIONSGASTHAUS
ZUM WEISSEN BÄREN
Meerweibchenstraße 9
76829 Landau
Telefon 0 63 41 / 2 09 25
www.zum-weissen-baeren.de

SINFONIE DER GENERATIONEN
Gesamtkunstwerk der Pfälzer Lebensart

Im beschaulichen Weinort Ilbesheim, gelegen unterhalb der Kleinen Kalmit, der höchsten Erhebung des Rheingrabens, befinden sich die Weinstube Brennofen und das Weingut der Familie Esther und Reinhard Schmitt. Die vierte Generation ist herangewachsen. Die Töchter Jana und Maren bereichern nach ihren Studienabschlüssen der Önologie und der Weinbetriebswirtschaft mit neuen Ideen und frischem Schwung den elterlichen Betrieb. Dieses homogene Miteinander spiegelt den wunderbaren Geist, der in ihren Häusern wohnt.

Der Brennofen ist ein Platz für Weinliebhaber, Genießer und lebensfrohe Menschen. Das Entree bildet die Weinlaube im Hof, bedeckt von über 100 Jahre alten Reben. Die Wein-Lounge empfängt die Gäste mit ihrer weiten, lichtdurchfluteten Glasfront und einem herrlichen Blick auf den Garten in all seiner südländischen Schönheit. Wunderschön sitzen Sie hier und hören dem Wassergeplätscher zu. Der namensgebende Raum, der Brennofen, ist ein gemütliches Gewölbe mit meterdicken Wänden, in dem früher einmal Ziegel gebrannt wurden. Heute erwartet Sie dort eine besonders heimelige Atmosphäre. Zum offenherzigen Dazusetzen lädt der traditionelle Gastraum mit großen Tischen ein. Diesen Teil gibt es als Weinstube seit 1976. Über all die Jahre hinweg ist der Brennofen zu einer Südpfälzer Institution gewachsen, die man nicht missen möchte.

Lassen Sie sich von feinen Weinen des Familienweingutes und dem kulinarischen Angebot der Küche verwöhnen. Neben Regionaltypischem setzt das Speisenangebot bewusst auf raffinierte modernere Akzente. Inspiriert von der Saison, wechselt die Karte alle sechs bis acht Wochen. Regelmäßige Events, wie zum Beispiel das Grillen von ganzen Lachshälften auf der eigens dafür umgebauten alten Weinkelter, bringen willkommen Abwechslung für den Gast. Jeden zweiten Mittwoch im Monat finden Veranstaltungen bekannter Künstler auf der Kulturbühne statt. Mein Brennofen – eine Pfälzer Weinstube für alle Generationen.

Im Frühjahr 2015 eröffnet Familie Schmitt ihr Wein-Domizil mit individuell gestalteten Gästezimmern. Das weckt doch allen Grund zur Vorfreude!

WEINSTUBE BRENNOFEN
Wildgasse 5
76831 Ilbesheim
Telefon 0 63 41 / 32 21 5
www.mein-brennofen.de

TRÄUME IN SÜSS UND PIKANT
Perfekte Symbiose

Es war eine schicksalshafte Fügung: Auf der Meisterschule in Heidelberg lernen sich zwei junge Menschen kennen und lieben. Er, der Mutige, der als Bester seines Jahrgangs den Gesellenbrief überreicht bekam, und sie, die hochbegabte Thüringer Landessiegerin. Heute sind Florian und Franziska Theobald vom Café Theobald in Herxheim schon längst Konditormeister und Betriebswirte des Handwerks. Mit ihren Delikatessen begeistern sie seit 2007 Gäste und Kunden mit hervorragender Qualität, einhergehend mit handwerklicher Perfektion. Im Betrieb hat jeder sein Refugium: Florian leitet das Geschäft und Franziska ist die Königin der Backstube.

Mit hauseigenen und auch altüberlieferten Rezepten, verbunden mit reinen, regionalen Rohstoffen, werden alle Spezialitäten hergestellt. Es erwartet Sie ein großes Angebot von kräftigen Brötchen, herzhaftem Brot, zarten Buttercroissants und mehr. Ein Grund, um sich im schönen Café eine Auszeit bei einem wunderbaren Frühstück zu gönnen. Zur Kaffeestunde am Nachmittag lachen Sie köstliche Torten- und Kuchenträume an. Creme-Torten, gefüllt mit edler Französischer Buttercreme, oder himmlisch zarte Sahne- und Moussekompositionen, auch mit fruchtig-spritziger Note, sind eine oder mehrere Sünden wert. Probieren Sie unbedingt ein Stück vom üppigen Pfälzer Rahmkuchen nach dem Rezept von Florian Theobalds Oma. Außergewöhnliche Eisspezialitäten sorgen für sommerliche Erfrischung auf der Terrasse mit ihren Olivenbäumchen. Verschenken Sie lieben Menschen – oder gönnen Sie sich selbst – deliziöse Pralinen und handgeschöpfte Kreationen aus verfeinerter Valrhona-Kuvertüre. Honig aus der Familienimkerei, eingelegter Kandis und andere Schlemmereien sind auch über Theobalds Onlineshop zu bestellen.

Schwenken wir zum „Tatort" im Nachbardorf Insheim. Dort befinden sich Backstube und Rezeptschmiede. Hier entstehen auch Franziska Theobalds Highlights. Grandiose Motivtorten für alle Festtage, handmodelliert mit Marzipanfiguren. Sie sprechen der Künstlerin des Fachs ein herausragendes Zeugnis aus. Wen wundert es dann noch, dass die Kinder Hanna-Elena und Elias schon kleine Hobbykonditoren sind …

CAFÉ THEOBALD
Bonifatiusstraße 9
76863 Herxheim
Telefon 0 72 76 / 91 81 51
www.cafetheobald.de

**WEINGUT, GÄSTEHAUS &
WEINRESTAURANT SCHUNCK**
Trifelsstraße 3
76829 Leinsweiler
Telefon 0 63 45 / 16 97 oder 95 94 39 3
www.weingut-schunck.de

SCHUNCKS ERLEBEN
Passion und Fleiß

In unmittelbarer Nachbarschaft des aus dem 16. Jahrhundert stammenden Drei-Röhren-Brunnens in Leinsweiler befindet sich das Anwesen der Familie Schunck. Wo einst der Dorfschmied schaffte, fachsimpelt man heute bei vorzüglichen Weinen in der gemütlichen Weinstube. Mit dem Ziel, naturnahe, bekömmliche Rebengewächse hervorzubringen, bewirtschaftet sie in traditioneller Handarbeit ihr Weingut. Mit Stolz blickt man auf die Paradelagen „Leinsweiler Sonnenberg" und „Siebeldinger Im Sonnenschein". Hauptaugenmerk legen Rainer Schunck und Sohn Mirco auf die Herausbildung von charaktervollen Burgunderweinen, filigranen Rieslingen und Rotweinen aus der Barrique.

Ein weiterer Mittelpunkt ist Schuncks Weinrestaurant. Über Generationen hinweg war es ein beliebtes Lokal im Ort. 2008 entschloss sich die Familie, das altehrwürdige Haus mitsamt Scheune bis auf die Grundmauern abzureißen und ein Restaurant zu bauen. Innovativ und handwerklich begabt, stellte Rainer Schunck bereits bei der architektonischen Lösung des komplexen Vorhabens all seine Fähigkeiten unter Beweis. Es zogen zwei Jahre, geprägt von harter Arbeit, ins Land und: Es hat sich gelohnt! Erfüllt von Nachhaltigkeit und in Anlehnung an die Historie, verleiht heute helles, massives Holz Restaurant und Weinscheune ein modernes Ambiente. Hier finden auch große Festgesellschaften Platz, um das Tanzbein zu schwingen. Geschmackvolle Dekorationen und schöne Bilder unterstreichen gekonnt das Besondere. Die Speisen gleichen der Intention des Hauses. Sie sind ehrlich, bodenständig und gehoben regional. Großartig, das Wild aus dem heimischen Jagdrevier; Rainer Schunck ist leidenschaftlicher Jäger und – wie kann es anders sein – es kommt nur beste Qualität in die Töpfe. Zuständig für den Service ist Tochter Kerstin. Sympathisch und mit viel Fachwissen ausgestattet, empfiehlt sie die korrespondierenden Weine des Familienweingutes.

Nebenan im gepflegten Gästehaus übernachten Sie in komfortablen Gästezimmern und schmucken Ferienwohnungen. Schlafen Sie wohl mit der Gewissheit auf ein leckeres Frühstück am Morgen.

NOSTALGISCHE BLÜTE
Liebenswert schön

Das Traditionshaus Café Rosinchen im Herzen Klingenmünsters ist seit über 20 Jahren eine bekannte Adresse für feine Kuchen und Torten, hausgemacht und ausschließlich mit besten Zutaten hergestellt. Frage ich Chefin Heidi Zimmermann nach dem Lieblingskuchen der Gäste, so antwortet sie: „Das ist der Rhabarberkuchen mit Baiser." Die Vitaminbomben haben gerade Saison, also muss ich kosten. Mürber Boden, üppig gefüllt mit jeder Menge der feinsauren Stangen, mit einem Guss aus Ei, Zucker und gewiss Sahne – wie viel von jedem, bleibt Heidi Zimmermanns Geheimnis. Die Krönung das Baiser: knusprig, luftig, zart! Im schnuckeligen Inneren werden Erinnerungen an Omas Zeiten wach. Gepflegtes, dunkles Holz vermittelt Wohnzimmeratmosphäre. An gemütlichen Tischen sitzend, erfreuen Sie Ihr Herz an bezaubernden Bildern und ausgefallenen Exemplaren stets wechselnder Künstler, denen Frau Zimmermann die Möglichkeit zur Ausstellung bietet.

Hinter Vitrinen erwartet Sie eine großzügige Auswahl von Kuchen und Torten. Verlockend duftet der lauwarme Käsekuchen mit exotischer Kokoshaube. Italienische Kaffee- und Schokoladenspezialitäten sowie erlesener Tee aus dem Hause Ronnefeldt versprechen exzellenten Genuss. Natürlich warten noch weitere Spezialitäten aus der Backstube darauf, Sie beglücken zu dürfen. Fragen Sie vertrauensvoll nach Laktose- und glutenfreien Kuchen. Ebenso offeriert Heidi Zimmermann den Gästen auch ein Angebot an pikanten Leckereien. Köstlichkeiten wie Quiche Lorraine oder Quiche vegetarisch mit Salatsträußchen sind eine Versuchung wert. Dazu genießt man idealerweise köstlichen Pfälzer Wein. Mittwochs ist Dampfnudeltag; wahlweise serviert mit Wein- oder Vanillesoße. Und es gibt, abgestimmt auf die Jahreszeit, eine feine Suppe.

Sitzen Sie, wenn es draußen warm wird, im überdachten und elsässisches Flair ausstrahlenden Innenhof. Schmiedeeiserne Türen muten an wie schwarze Spitze. Geben Sie sich dem duftenden Rosenzauber hin und lassen Sie sich an Mosaiktischchen vom aufmerksamen Service verwöhnen. Und wenn Sie Lust auf ein Stückchen Schokolade verspüren, hält Heidi Zimmermann edle Versuchungen von Cama-Feinkost für Sie bereit.

CAFÉ ROSINCHEN
Weinstraße 39
76889 Klingenmünster
Telefon 0 63 49 / 99 63 29 9
www.cafe-rosinchen.de

DIE NACHTIGALL –
LANDGASTHAUS UND HISTORISCHE WEINGLASSTUBE
August-Becker-Straße 7
76889 Oberschlettenbach
Telefon 0 63 98 / 99 31 26
www.superkochparty.de

DAS LIED DER NACHTIGALL
Das originelle Landgasthaus zwischen Elsass und Weinstraße

Eine malerische Lindenbaumallee führt nach Oberschlettenbach. Im kleinsten Dorf des Landkreises Südliche Weinstraße könnte man den Eindruck erhalten, dass sich hier Fuchs und Hase eine gute Nacht wünschen; doch das verträumte Örtchen besticht durch blumenübersäumte, denkmalgeschützte Fachwerkhäuser mit hohem Wohnkomfort.

Als sich Elena Zelinskaja und Karl-Roland Ziellenbach 2008 in dem Bauernhaus von 1735 niederließen, erschufen sie voller Intensität ihre Nachtigall. Im kunstvoll romantischen Ambiente begrüßen Sie der singende Hirsch Rudolf, der sprechende Spiegel und zwei seelenvolle Menschen. Erfüllt mit heiterem Leben, bemalte Karl-Roland Ziellenbach den Innenraum mit naturnahen Ansichten der heimischen Flora und Fauna. Seine fantasievolle, vielfach prämierte Küche bietet eine abwechslungsreiche Auswahl von Köstlichkeiten, die er mit frischen Kräutern noch einmal aufwertet. Bekannt wurde Küchenmeister Karl-Roland Ziellenbach auch durch das Fernsehen. So erzielte er den Titel „SWR-Grillmeister" und kochte bei „Himmel und Erd" Seite an Seite mit Johann Lafer. Frau Elena hat russische Wurzeln; mit ihrem sympathischen Akzent kümmert sie sich intensiv um die Gäste, die sich ihrem anmutigen Stolz kaum entziehen können.

„Kochen macht Spaß!" Damit begeistert das Nachtigall-Team seine Kursteilnehmer. Sie kochen mit dem Meister seines Fachs und mit unverfälschten Zutaten regionale Gerichte, lassen sich in die Geheimnisse Asiens einweihen oder bewundern sein großes Können anhand von Obst- und Gemüseschnitzereien. Hinterher wird in fröhlicher Runde gespeist und manch edler Tropfen genossen. Braumeister Kopf braut leidenschaftlich naturtrübes und ungefiltertes Bier. Ausgezeichnet mit der Goldmedaille der DLG, mundet es auf das Beste.

Bewegt auch Sie die Frage, wie das Landgasthaus zu seinem Namen kam? Karl-Roland Ziellenbach lächelt: „Als wir uns das Anwesen anschauten, erklang dort aus dem Baum ein herrlicher Gesang – es war das Lied der Nachtigall."

REZEPT SEITE 192

AUS UNSERER REGION FÜR SIE
Landhaus, Restaurant, Weingut

Umgeben von ländlicher Idylle liegt Kapellen-Drusweiler. Zur Erinnerung an eines der bedeutenden Zentren südpfälzischen Hopfenanbaus taufte Familie Wendel das von Sohn Marc geführte Restaurant Kapeller Hopfestubb. Auf dem Gelände, wo sich einst auch der Hopfenspeicher befand, geben sich Landhaus, Restaurant und Weingut ein reizvolles Stelldichein. Aus Liebe zum Wein übernahm Klaus Wendel 1988 den elterlichen Betrieb. In vierter Generation unterstützt Sohn Marc den Vater. In Kaltvergärung bauen sie köstliche Gewächse der Lage Kapeller Rosengarten aus. Auf nährstoffreichen Böden gedeihen im milden Klima alle traditionellen weißen und roten Rebsorten. Das Kleine Landhaus erfreut seine Gäste mit zeitlos modernen, sehr individuell und komfortabel ausgestatteten Zimmern sowie Apartments. Manuela Wendel ist eine sympathische Gastgeberin. Liebevoll betreuend, serviert sie ihren Gästen ein stärkendes Frühstücksbuffet. Wunderbare Arrangements wie Rosentage und Mandelblüte sorgen für kurzweilige Abwechslung.

In Sternehäusern von Ascona und Davos verbrachte Marc Wendel seine Wanderjahre. Im April 2011 kehrte er zurück nach Hause und verwandelte die Weinstube, in der die Großeltern wirkten, in ein attraktives Speiserestaurant. Selbst Feinschmeckerherzen überrascht er stets neu. Marc Wendel verwöhnt die Gäste mit frischen, regionalen Produkten und duftenden Kräutern aus dem eigenen Garten. Der Riso Nostrano Ticinese aus der Schweiz eignet sich hervorragend für ein cremiges Parmesan Risotto mit frischen Pfifferlingen und gebratener Rotbarbe. Schmecken lassen sollten Sie sich auch die hausgemachte Pasta, Rumpsteaks oder Pfälzer Klassiker. Göttliche Desserts, wie selbsthergestelltes Eis und erfrischende Sorbets, machen das Speisen in der Hopfestubb zum kulinarischen Erleben. Im Sommer schlemmen Sie auf der schönen Terrasse mit einem traumhaften Blick auf das Storchennest. Das originelle, offene Weinfass lädt zu unvergesslichen Weinproben ein. Eine besondere Empfehlung des Hauses ist der Dornfelder Rosé. Lassen Sie sich inspirieren …

KLEINES LANDHAUS WENDEL
Obere Hauptstraße 8
76889 Kapellen-Drusweiler
Telefon 0 63 43 / 82 45
www.hopfestubb.de

CULINARIUM
Rötzweg 9
76887 Bad Bergzabern
Telefon 0 63 43 / 7 00 78 10
www.mein-culinarium.de

ERSCHWINGLICHE NOBLESSE
Große Augenblicke festhalten

Ein Gast ist unser wichtigster Besucher. Wir sind von ihm abhängig. Er ist der Sinn und ein Teil unserer Arbeit. Wir tun ihm keinen Gefallen, wenn wir ihn bedienen. Er tut uns einen Gefallen, wenn er uns die Gelegenheit dazu gibt." Mahatma Ghandis Worte verdeutlichen die Philosophie im Culinarium Bad Bergzabern. Dieter Toffolo gründet 2006 das Unternehmen. 2010 steigt Hotelbetriebswirt Nico Krüger ein; er übernimmt fortan die Verantwortung für lukullische Freuden. Restaurantfachfrau Felicitas Hammeley komplettiert seit diesem Jahr die Leitung. Ihre Namen stehen für Professionalität und Herzlichkeit.

Im eleganten Restaurant und Café nehmen Sie Platz in behaglichen Sitzecken auf verschiedenen Ebenen. Ausdrucksstark, die Szenerie mit Pflanzen im warmen Schein des Lichtes. Weiteren Freiraum ermöglichen großzügige Fenstertüren, die wonnige Blicke auf die repräsentative Terrasse zulassen. Eine ehrliche, anständige Küche, die nie langweilig daherkommt, sorgt für genussvolle Momente. Die perfekt geschmorte Rinderroulade, mediterran gefüllt mit getrockneten Tomaten und Oliven, macht allergrößten Appetit. Die Weine kommen von Weingütern der Verbandsgemeinde. Es sind exquisite Tropfen in Verbindung mit inspirativen Freundschaften. Besuchen Sie die im Hause eingebundene Weingalerie und lassen Sie sich zu einer Weinprobe verführen.

Seit 2012 begeistert das Team mit exklusiven Caterings. Nico Krüger berichtet von partnerschaftlichen Events und legeren Weinpartys, bei deren Anlass vor Ort schon mal ein saisonales fünfgängiges Flying Dinner gezaubert wird. Die besondere Faszination: Ihr Culinarium in Ihrem Zuhause! Begeistern Sie sich und lassen Sie sich und Ihre Liebsten an Ihrem schönsten Festtag nach allen Regeln der Kunst verwöhnen. Das top geschulte Team übernimmt die komplette Planung bis hin zur genialen Ausführung.

Vor Ort lässt es sich in außergewöhnlichen Räumen feiern und tagen. Großzügigkeit bietet insbesondere der teilbare Saal für bis zu 300 Personen. So können Sie sich auch auf hervorragende Veranstaltungen, die im Gedächtnis bleiben, von Herzen freuen.

REZEPT SEITE 194

HERRSCHAFTLICHES SCHLÖSSL
Ankommen – Wohlfühlen – Genießen

Nicht komfortabel genug erschien im 18. Jahrhundert einem Oberamtmann aus dem Elsass sein Wohnsitz in Minfeld. Folglich beauftragte er einen Baumeister, in Oberotterbach einen zweiten Amtssitz zu bauen. Seine 1778 errichtete Residenz, das bezaubernde Schlössl, hat die Familie Düppre gekauft und fünf Jahre saniert und fachgerecht renoviert. Mit großer Leidenschaft gelang es, die Geschichte des Schlössls lebendig zu machen. Erleben Sie, wie distinguiert früher die Herrschaft in der Südpfalz residierte. Mit auf Italienreise nimmt Sie die restaurierte Luxustapete von Dufour; beeindruckend spiegelt sie edelmännisches Leben um 1870.

Inmitten lieblicher Gärten der Südpfalz genießen Sie stilvoll unkomplizierte Gastlichkeit. Hervorragende Gaumenfreuden, charmant und herzlich offeriert von einem jungen Team, machen jeden Besuch zum unvergessenen Erlebnis. Freuen Sie sich auf die Kochkunst der Chefs de Cuisines. Christian Oberhofer überzeugt mit feinen Genüssen und klassisch-französisch angehauchten Spezialitäten; Max Goldberg präsentiert die junge, freche Avantgarde-Küche und das zwanglose Bistro macht seinen Namen „Gudd Gess" alle Ehre. Möchten Sie im Schlössl ein paar Tage verweilen, dann bieten sieben Zimmer und eine Suite einzigartiges Wohlgefühl. Im schönen barocken Park lassen Sie den Stress des Alltags los. Krönen Sie diese besonderen Tage mit einem „Rundum-sorglos-Paket". Mit Rat und Wissen steht Ihnen neben der charmanten Restaurantleiterin Ariane Rausch der Maître d'Hotel und Sommelier Marcel Heid mit einer Erlebnisweinprobe im Weinkeller zur Seite. 300 vorzügliche Gewächse warten auf eine Verkostung, darunter zahlreiche Raritäten und wertvolle Jahrgänge. Entdecken Sie auch die hauseigene Destillerie. Der historische Gewölbekeller bietet 100 Personen Platz für Familienfeiern oder große kulinarische Events und im modernen, feinen Tagungsraum nehmen lukrative Geschäftsideen Gestalt an.

Essen, trinken, Spaß haben! Erleben Sie zahlreiche Veranstaltungen. Ob eine Big-Bottle-Party oder Küchenpartys: Genuss und eine liebevolle Atmosphäre stehen im Schlössl stets an erster Stelle.

SCHLÖSSL GBR
Weinstraße 6
76889 Oberotterbach
Telefon 0 63 42 / 9 23 23 0
www.schloessl-suedpfalz.de

DEUTSCHES WEINTOR EG
An der Ahlmühle 1
76831 Ilbesheim
Telefon 0 63 41 / 38 15 0
www.weintor.de

DAS TOR DER FREUNDSCHAFT
Kulturelle, genussvolle Pfalz

Im Jahre 1956 gründeten Wilhelm Knecht und Ludwig Fleischer die Genossenschaft Kleine Kalmit. 1967, durch den Zusammenschluss mit der Südpfälzischen Gebietswinzergenossenschaft in Schweigen, erfolgte die Umbenennung in Deutsches Weintor eG. Als Namensgeber und Wahrzeichen erkor man das an der Landesgrenze zum Elsass in Schweigen-Rechtenbach liegende Deutsche Weintor. „Für uns ist das Deutsche Weintor das Tor der Freundschaft", sagt Jürgen Grallath. Im außergewöhnlichen Ambiente des Deutschen Weintors befindet sich nicht nur eine besondere Gastronomie, sondern auch ein Heiratszimmer für Liebende. Einzigartig ist der Wein-Walk of Fame – begegnen Sie dort Namen herausragender Persönlichkeiten, die sich um den Wein und den Weinbau verdient gemacht haben.

In Ilbesheim, dem Sitz des Betriebes, treffe ich Geschäftsführer Jürgen Grallath; der bekannte Önologe erzählt: „Entlang der Mittelhaardt über die Südliche Weinstraße und bis in das französische Grenzgebiet hinein bewirtschaften unsere Winzer in besten und Spitzenlagen sonnenverwöhnte Weinberge. Mit der Handarbeit im Weinberg beginnt eine kompromisslose Qualitätssicherung. Nur selektierte Trauben finden den Weg zu uns. Zur Beratung der Winzer ist eine Qualitätsmanagerin unterwegs, die draußen im Weinberg agiert." Erfahrung, Leidenschaft und Liebe zum Detail sind die Basis für mehrfach ausgezeichnete, charaktervolle Weine, die hochqualifizierte Fachleute in Ilbesheim und Niederkirchen mit modernster Kellertechnik verbinden. Als Pionier hat Deutsches Weintor den vollmundig weichen, rubinroten Dornfelder publik gemacht. Mehrfach erzielte der Dornfelder Trocken als Deutscher Rotwein des Jahres im Lebensmitteleinzelhandel Bestnoten. Wichtig sind aber auch Burgunder Weine und Rieslinge. Durch die Fusion mit den Niederkirchener Weinmachern 2011 wuchs Deutsches Weintor zum größten Rieslingproduzenten der Pfalz. Mittlerweile ist das Ausland auf die Weine aufmerksam geworden. Exportiert wird hauptsächlich in die USA, nach China und Japan. Empfehlenswert ist der Besuch der Vinotheken am Deutschen Weintor, in Ilbesheim oder Niederkirchen – einfach wunderbar!

IM FOKUS: DER BAUERNHOF
Es ist Hochsaison

Auf dem Viehstrich liegt Schweighofen. Sanfte Hügel und weite Täler säumen den Weg zu Kieffers. Agraringenieur Thomas Kieffer ist ein Profi. Der Betriebsleiter des familieneigenen Bauernhofes legt ebenso großen Wert auf einen naturnahen Anbau von regionalem Obst und heimischem Gemüse wie auf die artgerechte Haltung und Aufzucht seiner achtzig Charolais-Rinder. Um die vierzig Kälber wachsen jährlich in Mutterkuhhaltung auf. Eigener Ackerbau dient als Futtergrundlage für die Tiere, die vom Frühling bis zum Herbst auf der Weide stehen. Charolais stammen aus Frankreich und sind angesehen für ihr erstklassiges Fleisch. Für Ihre Familie erhalten Sie vor Ort saftige Filetsteaks, feinen Tafelspitz oder kräftigen Sonntagsbraten in bester Qualität.

Thomas Kieffer stellt hohen Anspruch an eine Pfälzer Vielfalt. Profitieren Sie als Kunde von Erträgen aus Ackerbau, Obst- und Weinanbau, die die Grundlage bilden für Ihre gesunde, ausgewogene Ernährung. Ab Mai bis in den Juli hinein haben hocharomatische, zarte Erdbeeren Hochsaison. Zoomen wir einmal hin zu den sattgrünen und intensiv rotleuchtenden Sommerboten mit ihren strahlend weiß-gelben Blüten. Die Geschicklichkeit der Pflücker ist mit eine Voraussetzung für vollendeten Erdbeergenuss. Im Sommer dann erlangen Kirschen, Pfirsiche und Mirabellen ihre Reife. Bedienen Sie sich in Kieffers Hofladen an einer reichhaltigen Auswahl – und lassen Sie sich das Herbstfinale, wenn köstliche Früchte und klassisches Wintergemüse heimgeholt werden, nicht entgehen. Edelbrand, Erdbeersecco, beste Weine, Apfel- und Traubensaft machen das hauseigene Spektrum komplett. Dazu gesellen sich Produkte von regionalen Erzeugern. An jedem zweiten Septemberwochenende des Jahres feiern Kieffers ein buntes Hoffest mit tollem Kinderprogramm, Kutschfahren, Betriebsbesichtigungen und „Ochs am Spieß".

Natürlich kann Thomas Kieffer seinen Betrieb nicht alleine stemmen. Mit Rat und Tat zur Seite stehen Ehefrau Monika, die Eltern Elisabeth und Josef sowie Bruder Bernd. Mittlerweile wächst die nächste Generation heran. Drei Kinder machen Thomas und Monika Kieffers Erfüllung komplett.

BAUERNHOF KIEFFER
Hauptstraße 46
76889 Schweighofen
Telefon 0 63 42 / 71 23
www.bauernhof-kieffer.de

Ausblick von der Madenburg.

Bei den Herschberger Wasserfällen.

Der Kaiserbrunnen am Mainzer Tor in Kaiserslautern (links) und die historische, fünfbogige Steinbrücke über die Lauter (rechts).

EINE REISE IN DIE BEZAUBERNDE WESTPFALZ

Sonnenstrahlen durchbrechen die Tiefe des Waldes und tauchen ihn in ein gleißendes Licht. Für einen Moment geblendet, schließen wir die Augen, bevor wir im Wald von Waldleiningen erwartungsvoll vorangehen. In der Nacht hat es geregnet und schimmernde Regenbogen zu unseren Füßen begleiten uns ein Stück. Nicht weit von hier befindet sich, schenken wir einmal den Worten aus der „Pälzisch Weltgeschicht" des Pfälzer Mundartschriftstellers Paul Münch (1879-1951) Glauben, der Mittelpunkt der Welt. Zwischen Waldleiningen und Johanniskreuz liegt auf dem Roßstück ein gewaltiger Sandsteinklotz mit oben zitierter Inschrift. Den Waldleiningern obliegt die ehrenvolle Aufgabe, die „Weltachs" in einer feierlichen Zeremonie regelmäßig zu ölen und darauf aufzupassen, dass sie keinen Schaden nimmt.

Bevor wir uns auf den Weg zu einem der großartigsten Baudenkmäler der Pfalz nach Otterberg aufmachen, statten wir der Industrie- und Universitätsstadt Kaiserslautern einen Besuch ab. Der sagenumwobene staufische Kaiser Friedrich I. Barbarossa, der Lauterns Entwicklung entscheidend förderte, hat hier deutliche Spuren hinterlassen. Leider blieben von dem nach seiner Krönung zum römisch-deutschen König 1152 erbauten Palast lediglich wenige Reste übrig. Bekannt und beliebt ist Kaiserslautern auch für seine hervorragenden Kulturhäuser verschiedener Genres.

Wenige Kilometer nördlich liegt Otterberg. Das historische ehemalige Wallonenstädtchen mit den verwinkelten Gassen überrascht auf der Hauptstraße mit der imposanten Zisterzienserabteikirche, die pfalzweit größte und besterhaltene Klosterkirche. Auf dem Schlossberg Otterbergs gründeten ehemals um 1145 Zisterzienser, ein strenger Orden des Mittelalters, ein Kloster. Das erhalten gebliebene Gotteshaus zeigt eine überragende zisterziensische Ordensarchitektur im Stile oberrheinischer Spätromanik, in deren jüngeren Bauteilen sich auch gotische Bauformen erkennen lassen. Das charakteristische Leben der Zisterzienser, das von strenger Enthaltsamkeit und entsagender Lebensweise geprägt ist, findet sich beinahe durchgehend im Baustil, den erst später ein französischer Einfluss milderte. Trotz

Die „Weltachs" zwischen Waldleiningen und Johanniskreuz (oben), Rosendorf Schmitshausen (links) und die Abteikirche Otterberg von Innen (rechts).

der Strenge der Kirche und der Wucht des Mauerwerks ist der Atem einer erfüllenden Lebendigkeit und der Zauber des tiefsten Friedens in uns zu verspüren.

Das Musikantenland gehört zu den Landkreisen Kaiserslautern und Kusel und verdankt seinen Namen den Westpfälzer Wandermusikanten, einem Wandergewerbe, das seine Blütezeit zwischen 1850 und dem Ersten Weltkrieg hatte. Bedingt durch Hungersnöte, zogen in dieser Zeit tausende von Musikanten durch die ganze Welt und verdienten das täglich Brot für sich und ihre Familien. Die Westpfalz wirkt im Vergleich zur Süd- und Vorderpfalz eher still und verschwiegen. Kilometerweit von der nächsten Autobahn entfernt, schlängeln sich oft schmale Straßen über Hügel und Täler. Unvermittelt erblicken Sie Kühe oder grasende Pferde auf der Weide und von einer saftigen grünen Wiese huschen Rehe in den Wald. Die Idylle mit noch beachtlich vielen landwirtschaftlichen Anwesen lässt uns anhalten und der Landschaft und den kleinen Ortschaften gebührend Achtung zollen. Die Region steht noch heute im Ruf, besonders musikalisch zu sein. So ist Kusel der Geburtsort des unvergessenen weltberühmten lyrischen Tenors Fritz Wunderlich. Unweit der Kreisstadt warten Burg Lichtenberg und der Wildpark Potzberg mit seiner sagenhaften Falknerei auf Ihren Besuch. Darüber hinaus besteht die Möglichkeit, mit Draisinen das Land in seiner ganzen Liebenswürdigkeit kennenzulernen.

Fahren wir weiter nach Lauterecken. Im kleinen Veldenzstädtchen münden die Flüsse Lauter und Glan ineinander. Die historische, fünfbogige Steinbrücke über die Lauter ist eine der wenigen Brücken dieser Art in der Pfalz.

Das wenig bekannte, bescheidene und in seiner stillen Schönheit fast unerreichbare Wallhalbtal auf der Sickinger Höhe gehört zum Kreis Südwestpfalz und lädt zu unvergesslichen, bequem erreichbaren Touren ein. Entdecken Sie den Mühlenweg oder die wildromantischen Wasserfälle in Herschberg, folgen Sie dem informativen Wasserschaupfad und statten Sie dem betörend duftenden und preisgekrönten Rosendorf Schmitshausen einen Besuch ab.

Blühende Rosenpracht in Schmitshausen

AUF ZU ENGELS
Gastfreundschaft der Spitzenklasse

Der stattliche Stier steht auf der einladenden Gartenterrasse mit hübscher Teichanlage im Landgasthof „Zum Ochsen" in Hauenstein. Seine bemalte Oberfläche zeigt den Teufelstisch, den markantesten Felsen der Pfalz, das weltweit einmalige Schuhmuseum, die imposante Christkönig-Kirche und natürlich Engels Landgasthof und Hotel.

„Dankbar rückwärts, gläubig aufwärts und mutig vorwärts", lautet die Philosophie im 121 Jahre alten Traditionshaus. Hausherr und Küchenmeister Thomas Engel übernimmt die Führung. Aufwärts geht's – barrierefrei – per Aufzug! Wir gelangen zum lichtdurchfluteten Wintergarten. Auf Liegen, die zum achtsamen Relaxen und Entschleunigen einladen, träumen Sie sich im besonderen Flair über die Dächer hinweg in die liebliche Landschaft. Sie haben Muskelkater oder Sie sind verspannt von Ihren ausgiebigen Wanderungen entlang der Premiumwege um Hauenstein? Bei den Engels wahrlich kein Problem! Eine komfortable Infrarotkabine bietet Ihnen den geeigneten Raum zur Regeneration und die Lichtgrotte erreicht alle Sinne. Sollte wider Erwarten Petrus nicht wohlgesonnen sein, tun Sie sich und Ihrem Körper in der Indoorfitness viel Gutes. Erleben Sie die Annehmlichkeiten eines Superior-Hotels im Drei-Sterne-Format und schlafen Sie in ruhiggelegenen, behaglichen Zimmern wie ein Engel.

Nach ausgiebiger Nachtruhe genießen Sie das reichhaltige Frühstücksbuffet mit vielen Leckereien und vorzüglichem Azul-Kaffee. Mittags und abends warten köstliche Schlemmereien auf Sie. Thomas Engel setzt gekonnt auf eine von Nachhaltigkeit geprägte Küche mit heimischen und saisonalen Produkten. So werden etwa Wild, Forellen, Gemüse und Obst von regionalen Erzeugern geliefert. Genießen Sie in vollen Zügen die gelebte Pfälzer Gastlichkeit und wählen Sie dazu ausgesuchte Rebengewächse von renommierten Südpfälzer Weingütern oder ein kühles Pfälzer Bier, serviert von einem freundlichen, aufmerksamen Service.

Helle und großzügige Räume, in frischen, individuellen Farben gehalten, warten auf Gesellschaften aller Art. Für anspruchsvolle Tagungen steht eine Technik auf neuem Stand zur Verfügung.

REZEPT SEITE 190

LANDGASTHOF-HOTEL ZUM OCHSEN
Marktplatz 15
76846 Hauenstein
Telefon 0 63 92 / 92 33 0 und 5 71
www.zum-ochsen-hauenstein.de

WASA WOHNEN
In der Schorbach 1
67714 Waldfischbach-Burgalben
Telefon 06333 / 2750
www.wasawohnen.de

WOHNEN UND LEBEN
Natürlich – gesund – intelligent

Bei wasa wohnen in Waldfischbach-Burgalben steht am Anfang die fachkundige Holzauswahl. Im Empfangsbereich ziehen den Besucher aromatische, süßlich-würzige Düfte von mitteleuropäischen Harthölzern in den Bann. Erleben, erfühlen und erkunden Sie Baumstämme wie Ahorn, Buche, Kiefer und Eiche naturnah anhand ihrer Jahresringe und der für jede Art typischen Rinde. Ökologischen Prinzipien folgend, verwendet man ausschließlich Hölzer aus nachhaltiger Forstwirtschaft und gewährleistet dadurch, dass der umweltfreundlichste Rohstoff Holz in unerschöpflicher Menge vorhanden bleibt.

Getreu dem Unternehmensmotto: „Unsere Möbel sind die Antiquitäten von morgen" produzieren seit 1979 die Fachleute um Firmenchef Gerhard Auer – qualitätsverbunden und in Maßarbeit mit wertvollen, natürlichen Materialien – massive, wunderschöne Begleiter für Ihr Leben. Detailverliebt schreinern die innovativen Handwerkskünstler der Möbelmanufaktur individuell ebenmäßige und in ihrer Klarheit überzeugende Einrichtungen. Möbel, die Ihr Zuhause mit Wärme, Behaglichkeit und beruhigender Wahrnehmung ausfüllen. Die Behandlung mit pflanzlichen Ölen erzielt zusätzlich eine besonders attraktive Oberflächenoptik. Diese hat den Vorteil, dass Ihr Möbelstück strapazierfähig bleibt und leicht zu pflegen ist; darüber hinaus wird es mit den Jahren immer schöner. Faszinierende wasa Programme bedeuten Variationsvielfalt pur für all Ihre Wohnbereiche, ohne auf neueste technische Raffinessen zu verzichten. So garantieren Bewegungsmelder unter den Betten, dass direkt beim Eintritt in Ihr Schlafzimmer das Licht angeht – oder klopfen Sie einmal sanft an den Küchenschrank und staunen Sie, wie grifflose Fronten geräuschlos nach oben schweben.

Mit gesunden, robusten, dauerhaft schönen und funktionalen Möbeln statten wasa Objektspezialisten Verwaltungen und Hotels aus. Fragen Sie nach den Möglichkeiten einer auftragsbezogenen Fertigung – sie erfüllt auch die spezifischsten Anforderungen und kann jederzeit nachgerüstet werden. Treten Sie ein und blicken Sie bei Ihrem Besuch hinter die Kulissen der gläsernen Schreinerei!

ALTE MÜHLE NEU ERWACHT
Die Müllerin vom tosenden Bach

Die wildromantische Elendsklamm zwischen Bruchmühlbach und Martinshöhe: Ihr Name entstammt dem althochdeutschen Wort Alilendi, das sich zu Elend wandelte und in diesem Zuge seine Bedeutung änderte. Aus Namensgebersicht bedeutet es „innerhalb einer anderen Gemarkung". Das rührt auch daher, dass die Klamm zu Lebzeiten des Ritters Franz von Sickingen harte Kämpfe erfuhr. Damals, als der Frohnbach mit Getöse ins Tal stürzte, gab er der „Tausendmühle" ihren Namen. Heute, 400 Jahre später, führt Heike Stahl, die schon während ihrer Kindheit den Eltern und Großeltern in der Mühle half, in fünfter Generation die Tradition des Familienunternehmens zu neuen Ufern.

Konfuzius sprach: „Sage es mir, und ich werde es vergessen. Zeige es mir, und ich werde es vielleicht behalten. Lass es mich tun, und ich werde es können." Diese Philosophie ist sprichwörtlich für Heike Stahls Brotbackkurse und Workshops. Backen Sie mit all Ihren Sinnen herzhafte Brote, krosse Brötchen, süße Kuchen und Pikantes wie Pizzen und Flammkuchen. Ein Angebot, das auch Gruppen buchen können. „Durch meine Kurse habe ich den Eindruck, dass immer mehr Menschen über das Ursprüngliche nachdenken, also zurück zu den Wurzeln finden möchten", berichtet Heike Stahl. Im einzigartigen Ambiente lassen Sie sich dabei in eine Zeit versetzen, als man das Korn zu Mehl mahlte. Erleben Sie die lebendige Geschichte des Handwerks auf knarrenden Holzdielen, umgeben von Walzenstühlen, Sackbänken, Elevatoren und Absackmaschinen.

In der Tausendmühle befindet sich auch Michaela Stutzingers Pralinenwerkstatt. Lernen Sie mit erstklassigen Produkten sinnlich süße Verführer herzustellen. Unkompliziertes Umsetzen zu Hause ist gewiss. Köstlichkeiten aus edler Schokolade – zu aller Freude und mit viel Liebe gemacht. Im gemütlichen Flair des Mühlenladens erwerben Sie wertvolle Naturprodukte von ausgewählten Erzeugern. So stehen etwa verschiedene Mehle, Getreide, Samen, Nudeln, Müsli, Gebäcke, Honig, Michaela Stutzingers Pralinenvielfalt, Geschenkideen und hochwertiges Tierfutter für Sie bereit.

TAUSENDMÜHLE
Tausendmühle 1
66892 Bruchmühlbach-Miesau
Telefon 0 63 72 / 14 38
www.tausendmuehle.de

ÖLMÜHLE HOTEL-RESTAURANT
Mühlstraße 2
66849 Landstuhl
Telefon 06371 / 40 49 80
www.oelmuehle-landstuhl.de

HERZLICH WILLKOMMEN …
… im Hotel und Restaurant Ölmühle

Geschichtlich reicht die einstige „Obere Mühle" am Hembach zurück bis zum Dreißigjährigen Krieg. Nach deren Zerstörung bauten die Herren von Sickingen die Getreidemühle wieder auf und verkauften sie an den Wirt Kilian Menges. Um 1830 funktionierte Kaufmann Joseph Benzino diese zur Ölmühle um. Als der Betrieb 1925 eingestellt wurde, nutzte man das Anwesen lange Zeit als Wohnhaus. 2003 erwarb Elisabeth Stärz die Mühle. Voller Leidenschaft, mit Hilfe ihrer Familie und überwiegend in Eigenleistung entstand aus dem historischen Gebäude mit dem Krüppelwalmdach ein Hotel und Restaurant.

2009 eröffnete Küchenmeisterin Elisabeth Stärz die romantische „Ölmühle". Nach dem Motto „Einfach delikat" vermitteln die mit frischen regionalen Produkten zubereiteten Speisen Freude am Genuss mit Pfiff. Hier essen Sie lecker, ganz gleich ob Sie eher die traditionelle und rustikale Küche bevorzugen oder ein Liebhaber von internationalen, feinen Spezialitäten sind. Leiden Sie unter Allergien, sprechen Sie den freundlichen Service an; es wird spontan ein auf Sie zugeschnittenes Gericht kreiert. Erleben Sie schöne Stunden mit korrespondierenden Weinen im unbeschwerten Ambiente charmanter Gasträume. In Zusammenarbeit mit ihren Winzern bietet Elisabeth Stärz mehrmals jährlich köstliche Mehrgang-Menüs mit Weinproben an. Ein weiteres Highlight sind die im Herbst und im Winter hausgemachten Pralinen, welche zum Kaffee gereicht werden und ebenso käuflich zu erwerben sind. Für Familienfeste wie Hochzeiten ist die Ölmühle der ideale Platz zum Feiern. Außerdem steht für Geschäftsleute ein Tagungsraum, bestückt mit aktueller Technik, zur Verfügung.

Mit viel Wohlgefühl übernachten Sie in gemütlichen Hotelzimmern oder in einem Apartment. Eine zeitlos liebevolle Ausstattung unterstützen freundliche Farben und warmes, dunkles Holz. Entspannen Sie im kleinen Wellnessbereich unter der wohltuenden Dampfdusche und stärken Sie sich beim Frühstück am reichhaltigen Buffet. Der gepflegte Mühlengarten lädt zum Verweilen ein; genießen Sie die Ruhe, bevor Sie eine Wanderung in den Pfälzer Wald unternehmen.

REZEPT SEITE 185

HANDWERKSKUNST BÄCKER
Sie leben für die Arbeit

Schon 1949 waren in Reichenbach-Stegen Julius Kissel und Ehefrau Ellen für Qualität und Frische ihrer Backwaren bekannt. Beständig, voller Stolz und Einfallsreichtum führt deren Tochter Ursula mit Ehemann Karl-Heinz Carra, verstärkt von Tochter Petra Kunz, Juniorchefin und Hotelfachfrau, sowie Sohn Paul, dem jungen innovativen Bäcker, den Familienbetrieb zu neuen Herausforderungen. Für ihr herausragendes Wirken sind sie unter anderem mit dem Landesehrenpreis Rheinland-Pfalz ausgezeichnet worden. „Wir kombinieren Tradition und Moderne mit höchster Priorität auf echtes Handwerk, Qualität und Regionalität", erklärt Petra Kunz.

Nach 1 Uhr in der Nacht wird es munter in der Backstube. Teigmaschinen mit spezifischen Knethaken verbinden geschmeidig Mehl, Wasser, Hefe und Salz für verschiedene Teigarten. Alle Mehle entstammen aus pfälzischem Getreideanbau. Weizen-, Roggen- und Dinkelmehle, vereint mit Schroten, verleihen jeder Delikatesse ihren eigenen Geschmack. Vor der köstlichen Vollendung im Backofen lässt man dem Brot als Rohprodukt beim Knetvorgang und während der Ruhephase reichlich Zeit angedeihen. Des Kunden Liebling, das Musikantenbrot, gibt es nur hier. Butterzart sind die mürben Musikantentaler, ein Feingebäck für Ihre Kaffee- oder Teestunde zu Hause. Kissels Filiale, mit feinem Caféchen, finden Sie in Steinwenden-Weltersbach. Liebenswerte Gemütlichkeit erinnert an Omas Zeiten. Genießen Sie Ihren Kaffeeklatsch mit seltenen Sammeltassen und lassen Sie sich von Paul Carras Können verführen. Schmelzen Sie dahin bei Tortenschnitten, lockeren Hefekuchen und leckerem Gebäckstückchen.

Begeisterte Kunden hat man auch durch Mitwirkung auf Wochen-, Bauern-, Handwerker- und Genussmärkten gewinnen können. Der dadurch entflammte Brotversand funktioniert problemlos über das Internet oder Sie rufen einfach an. „Unser Erfolg ist gleichzeitig ein Verdienst unserer langjährigen Mitarbeiter; wir sind zu einer großen Backfamilie zusammengewachsen", bekräftigen Karl-Heinz Carra und Petra Kunz wie aus einem Mund.

BACKPARADIES KISSEL
Herrenbergstraße 3
66879 Reichenbach-Stegen
Telefon 06385/321
www.backparadies-kissel.de

KISSEL'S EINZIGE
FILIALE & CAFÉ
Moorstraße 35
66879 Steinwenden-Weltersbach
Telefon 06385/51852

BREMERHOF HOTEL-RESTAURANT
Bremerhof 1
67663 Kaiserslautern
Telefon 06 31 / 31 63 20
www.bremerhof-kl.de

GENIESSEN SIE IM BREMERHOF
Schmecken – wohnen – swingen – spielen

Inmitten der Idylle des Pfälzer Waldes gelegen und nur wenige Spazierminuten von Kaiserslautern entfernt, kann man den über 200 Jahre alten Bremerhof selbst als Idyll bezeichnen. Seinen Namen verdankt er der „goldichen Bremm", wie man im Dialekt den goldgelben Ginsterstrauch bezeichnet.

Im historischen Gebäude verwöhnt Sie die Mannschaft um Chef Alf Schulz in gepflegten, rustikalen Stuben. Zu unvergesslichen Familienfesten oder Events lädt der edle Originalstucksaal ein. Der wunderschöne Sommergarten mit Spielplatz für die Kleinen, dem sprudelnden Brunnen und Schatten spendenden Kastanienbäumen lockt alle Gäste zeitig im Jahr nach draußen. Küchenchef Ralph van den Ecker bekocht Sie mit bodenständigen Gerichten aus lokalen Produkten, saisonorientiert und schmackhaft zubereitet. Spargel, aromatische Pfifferlinge, kräftiges Pfälzer Wild und im Herbst die knusprig-saftigen Gänsebraten versprechen neben deftigen Biergartenklassikern genussvolle Stunden. Im Hause nebenan wartet der Ochsengrill mit modernen Räumlichkeiten auf. Angefangen beim würzigen Hamburger bis zum ultimativen T-Bone-Steak, bereitet die Küche alle Spezialitäten aus bestem Rindfleisch zu. „Unsere tollen Weine und Sekte", sagt Alf Schulz, „beziehen wir von der Weinkellerei Altes Schlösschen aus Sankt Martin." Der bekennende Sankt-Laurent-Liebhaber schwört auf die guten Geschäftsverbindungen.

Kulturhaus Bremerhof: Swingen Sie mit bei Open-Air Jazz Summernights. Donnerstags von Ende Mai bis Ende August erwartet den Musikliebhaber ab 19 Uhr ein abwechslungsreiches Programm. Einmal im Jahr gibt sich das Sinfonieorchester des Pfalztheaters die Ehre. In kribbelige Spannung mit kulinarischen Freuden versetzen Sie die Krimidinner während der Herbstmonate, in Szene gesetzt von der bekannten Autorin Madeleine Giese. Übernachten Sie mitten im Wald in einem komfortablen Drei-Sterne-Hotel und schnuppern Sie die gute Luft, bevor Sie sich zur Ruhe begeben. Dazu laden die modernen Zimmer mit höchst angenehmer Note herzlich ein. Fühlen Sie sich wohl bei Freunden.

MIT GUTEM BEWUSSTSEIN
Genusskaffeemanufaktur

Anbeginn allen Lebens auf der Erde ist die Liebe. Erklärbar ist, dass durch Sehnsucht danach sich heutzutage Menschen vermehrt Gedanken darüber machen, woher unsere Lebensmittel kommen und den damit verbundenen Vorgängen nachhaltiger folgen. Als Botschafter des puren braunen Goldes haben Diplom-Kaffee-Sommelier Wolfgang Lutz und Ehefrau Nadine, die ausgebildete Barista, Kaffeekultur zum Kunstwerk erhoben. Betrachten wir das in fünf Segmente unterteilte Betriebslogo. Der untere Strich kennzeichnet die Bodenhaftung, also Mutter Erde. Herzlich willkommen heißt der Rundbogen die Besucher, schützend setzt sich die Zipfelmütze auf die Bewohner. Das Symbol für Ausgeglichenheit im Leben ist der Schwebebalken und das darauf sitzende Vögelchen symbolisiert die Kreativität oder das „Kind im Manne".

„Schon als Bub träumte ich davon, in einer Mühle oder in einer alten Burg zu leben", erzählt Wolfgang Lutz. Er ist der Mann, der einmal im Jahr zu den Kleinplantagen der Kaffeebauern nach Kolumbien fliegt. In den Anden, wo sortenreiner Arabica-Kaffee gedeiht, ist ihm fairer Handel sehr wichtig. Die in einzigartiger Idylle, fast inmitten des Waldes liegende Reismühle haben Wolfgang und Nadine Lutz mit Herz und Seele restauriert und dem zugeführt, was sie heute ist. Mit traditionellem Handwerk, dazu gehört die besonders schonende Röstung genauso wie die perfekte Zubereitung, vollenden sie Spitzenqualitäten aus unterschiedlichen Anbaugebieten. Kunden, wie erstklassige Betriebe der Gastronomie, vertrauen der extrem hochgelegten Messlatte und so werden die Spezialitäten des Familienunternehmens „weit über den normalen Einzugsbereich" versandt.

Erholen Sie sich freitags, samstags und sonntags in der Reismühle. Im Café und im verschwiegenen Innenhof genießen Sie ein wunderbares Frühstück, vorzüglichen Kaffee und feinen hausgebackenen Kuchen. Atmen Sie durch, vergessen Sie all Ihren Stress und schauen Sie bei Röstvorführungen zu. Kaufen können Sie köstliche Pralinen, edle Schokolade, exquisiten Likör und besten Kaffee. Kaffee, Kaffee, Kaffee – weil wir ihn lieben …

REISMÜHLE KAFFEEMANUFAKTUR
Reismühle 1
66909 Krottelbach
Telefon 0 63 84 / 92 57 71
www.reismuehle.info

HOTEL RESTAURANT REWESCHNIER
Kuseler Straße 1
66869 Blaubach
Telefon 0 63 81 / 92 38 00
www.reweschnier.de

REFUGIUM DER VIELFALT
Zu jeder Jahreszeit herrlich entspannen

Man kommt an und möchte am liebsten 365 Tage bleiben. Das Hotel Restaurant Reweschnier in Blaubach zeigt so viele Facetten der Gastlichkeit, dass Besucher der Westpfalz ständig etwas Neues erleben können. Entweder genießen sie die vielfältigen kulinarischen und unterhaltsamen Angebote des Hauses oder sie starten in eine Region touristischer Höhepunkte.

Seit 1984 – damals eröffneten die Eheleute Clos ihr Hotel im alpenländischen Stil – wird in ruhiger Lage familiäre Gastlichkeit gepflegt und inzwischen von der zweiten Generation zeitgemäß weiterentwickelt. Ein echtes Familienunternehmen: Sohn und Chefkoch Jürgen Clos prägt mit seinen internationalen und regional akzentuierten Speisen die Kulinarik. Ihm zur Seite steht Heiko Fickert. Der Küchenchef ergänzt die Raffinesse mit Bodenständigkeit. Gemeinsam präsentieren sie nicht nur Schmackhaftes für jeden Tag, sondern auch kulinarische Events wie Whisky-Tastings, kulinarische Weinproben, romantisches Candle-Light-Dinner, Gourmetträume oder auch das gemeinschaftliche Adventsbacken.

Das Hotel startet mit dem „Silvesterkrachen" beschwingt ins neue Jahr. Es folgen Angebote für Familien, Wanderer, Fahrradtouristen, Kegelfreunde … einfach alle, die sich erholen möchten. Familienfeiern jeder Art erhalten hier einen ebenso festlichen wie individuellen Rahmen. Bei der Planung hilft Sonja Fickert, geborene Clos. Touristen und Einheimische vertrauen sich gleichermaßen ihrer freundlichen und individuellen Beratung an.

Heike Hübner, die jüngste Tochter der Gründer, rundet dieses Wohlfühlpaket perfekt ab. Die Kosmetikerin verwöhnt im Wellnessbereich „Auszeit" Körper und Seele. Bei Hochzeiten nutzen die Damen gerne ihren Schminkservice.

Es fehlt also an nichts – außer vielleicht an einer Erklärung für den ungewöhnlichen Namen des Hotels. Eine Sage berichtet über den „Reweschnier" und sollte am besten direkt vor Ort erkundet werden …

REZEPT SEITE 188

GENUSSVOLLE BEGEISTERUNG
Ein bemerkenswerter Teamgeist

Bereits als Bub von zehn Jahren half Oliver Allmang der Mutter im elterlichen Gasthaus Allmang. 1988, bei der Namensänderung, stand der Neckname des Jägers Fritz Steinhauer Pate. Das Holzschild mit der Inschrift „Zum Alten Keiler", das Stammgäste an diesem Tage der Familie überreichten, steht seither als Zeichen für den Wandel. Mit der Zeit prägte Oliver Allmangs feine Küche das traditionsreiche Haus und er reformierte die Gastwirtschaft zum Restaurant, noch bevor er 2011 in zweiter Generation den Betrieb übernahm.

Im Restaurant stehen Oliver Allmang Tochter Stephanie Allmang und Küchenchef Philipp Hoffers zur Seite. Hohe fachliche Kompetenz und die Leidenschaft für gutes Essen machen sie zu Verbündeten. Ihre Küche basiert auf sorgfältiger Zubereitung von frischen Produkten. Mit neuen Ideen kreieren sie kulinarische Genüsse. Köstlich, das Wolfsbarschfilet auf Curry-Limetten-Sauce mit Würzblütenreis und Rote-Bete-Espuma. Hier pflegt man aber auch die ursprüngliche Küche. Der Braten vom Glanrind wird im Herbst mit wertvollem Alba-Trüffel veredelt. Die sich nach Jahreszeiten orientierenden Speisen serviert man Ihnen im liebevollen Ambiente des Restaurants. Herrliche Gartenfeste erfreuen über den Sommer hinweg im gemütlichen Biergarten. Zur gehobenen à la carte werden abwechslungsreiche und innovative Themenabende in Buffet- oder Menü-Form angeboten. Italienische 10-Gänge-Menüs, Pfälzer Bauernbuffets mit regionalen Spezialitäten, Fischbuffets, Cello-Abende und Krimidinner garantieren vollkommenen Genuss.

Als Catering- und Eventmanager hat Oliver Allmang weit über die Region hinaus einen guten Namen. Rundum betreut er Sie von Anfang an. Mit besonderer Note, unvergesslicher Präsentation und einem professionellen Equipment für bis zu 500 Personen verwöhnt Oliver Allmang mit seinem Servicepersonal Sie und Ihre Gäste mit individuellen Buffets, feinen Menüs oder exklusivem Fingerfood.

Einen wichtigen Stellenwert hat die gesunde, hochwertige Schulküche. Mit Omas Rezepten macht Köchin Isabell Andrzejewski viele Kinder und Jugendliche glücklich.

REZEPT SEITE 195

ZUM ALTEN KEILER
RESTAURANT & PARTYSERVICE
Hachenbacher Straße 9
66887 Horschbach
Telefon 06387 / 7172
www.alterkeiler.de

SINNLICHES VERGNÜGEN
Auf den Wasserburg bei Jochen Conrath

Die Talburg in Reipoltskirchen gilt als besterhaltene Wasserburg der Pfalz. Ende des 12. Jahrhunderts erbaut, diente sie zur Sicherung des Odenbachtals. Im einstigen Amtssitz des Adelsgeschlechts von Hohenfels-Reipoltskirchen lädt im aristokratischen Ambiente Küchenchef Jochen Conrath zu lukullischen Genüssen ein.

Nach der Ausbildung zum Landesmeister Rheinland-Pfalz gekürt, führte ihn sein Werdegang in renommierte Häuser Deutschlands, der Schweiz und nach Spanien. Bekannt für seine hochwertige Kochkunst mit erstklassigen Produkten zu moderaten Preisen wurde er im Landgasthof Weiher Langenbach. In der Wasserburg garantiert Jochen Conrath Tafelfreuden im Gourmetbereich Burgfried, und im Palas serviert man eine gehobene regionale Küche. Hier gibt es sie übrigens: die Pälzer Grumbeersupp mit Quetschekuche.

Jochen Conrath kauft beim örtlichen Bauern seines Vertrauens Fleisch und beim benachbarten Jäger das Wild; Fische kommen aus nachhaltiger Fischerei. „Ich gehe gerne einkaufen", sagt er, „und ich genieße es, auf den Märkten nach neuen, saisonalen Produkten Ausschau zu halten." Derart inspiriert, überrascht er seine Gäste immer wieder. Gearbeitet wird ausschließlich mit frischen Zutaten, hergestellt wird alles selbst. Der passionierte Kräutersammler verwöhnt auch Vegetarier und Veganer mit einer großzügigen Auswahl. Esserlebnis pur sind Rittermahle oder kulinarische Weinreisen mit Weingütern der Extraklasse. Unterstützt wird er bei alledem von einem engagierten Team, das er teilweise selbst ausbildet oder ausgebildet hat.

Im historischen Gewölbekeller der Burg ist das standesamtliche Trauzimmer. Ein außergewöhnlicher Platz für Liebende, um sich auf ewig das „Ja-Wort" zu geben. Auch die bildende Kunst kommt in der Burg nicht zu kurz. Der Landkreis bietet Kurse für Kinder und Erwachsene an. Reipoltskirchen ist der Taufort von Johann Heinrich Roos, dem bedeutendsten Tiermaler des deutschen Barocks. Große und kleine Menschen gehen ihm zu Ehren auf Entdeckungsreise und bewundern Kunstwerke unserer Zeit.

RESTAURANT ZUR WASSERBURG
Schlossstraße 1
67753 Reipoltskirchen
Telefon 0 63 64 / 1 75 00 16
www.restaurant-zur-wasserburg.de

SONNIGE ZEITEN BEI JAKOBS
Herzen am rechten Fleck

„Zusammenhalt und Freundschaft sind lebensnotwendig", sagt Oliver Jakob. Und sehen Sie – an einem Ort, an dem fast alles wächst, grünt und blüht, da blüht auch die Freundschaft.

In Lauterecken mündet nahe der Ortsmitte die Lauter in den Glan. Schon von weitem fällt das charmante Anwesen der Familie Jakob mit seinen hellen Klappläden auf. Ein gusseisernes Schild begrüßt Sie mit der Aufschrift „Der Wirt ist Pfälzer" und lässt Sie wissen, dass Sie hier ein Pfälzer Original vorfinden. Jakobs „Pfälzer Hof" bedeutet Authentizität und Gastlichkeit im allerbesten Sinne. Familientradition seit 1972, an deren Anfang eine kleine Weinstube stand. Was die Großeltern schon planten, wurde mit kontinuierlicher Konzeption, rührigem Schaffen und Passion umgesetzt, erweitert, renoviert und liebevoll von fleißigen Händen gepflegt. Den Gast erwartet ein äußerst gemütliches Drei-Sterne-Komforthotel mit Sauna und kleinem Massagebereich. Kreativ, das kleinste Detail achtend, hat Oliver Jakob, der mit Schwester Anja die Eltern 2011 in der Geschäftsleitung ablöste, Hotelbereich, Veldenzstube, Grafensaal, Terrasse und das Gartenlokal mit dem einmaligen Wasserfall eingerichtet.

Nach erholsamer Nacht im sehr bequemen Bett starten Sie gut gelaunt in den Tag und entdecken nach einem ausgiebigen Frühstück „Ihren" Pfälzer Hof. Schnuckelige Nischen, überall, laden zum Abschalten ein. Sind Sie lieber aktiv, buchen Sie eines der tollen Arrangements und erkunden mit Draisinen das Musikantenland, oder Sie starten mit Freunden in ein aufregendes Kegelwochenende. Gertrud Jakob, die Seele des Hauses, verwöhnt Sie mit ihrer herzhaften Küche und mit allem, was die Region im Überfluss zu bieten hat. Freuen Sie sich auf die von Peter Jakob in der Wurstküche selbst hergestellten Pfälzer Spezialitäten. Direkt am Glan liegt der schöne Familiengarten – ideal für eine Paddeltour am frühen Morgen. Danach lassen Sie einfach die Seele baumeln, bevor Sie am Abend in der Gartenwirtschaft bei einem zünftigen Barbecue das Leben feiern.

Auf die vierte Generation, die täglich für das vollkommene Glück sorgt!

HOTEL PFÄLZER HOF
Hauptstraße 12
67742 Lauterecken
Telefon 0 63 82 / 73 38
www.pfaelzer-hof.de

KLEIN – FEIN – EDEL
Wein erleben

Willkommen im schönen Meisenheim bei Familie Barth. Im Süden des Anbaugebiets Nahe bewirtschaftet Gregor Barth in fünfter Generation mit Vater Reinhold sein Steillagenweingut. Vielfältige Böden bilden die Grundlage für den traditionellen Anbau klassischer Rebsorten. An sonnenverwöhnten Hängen der Lagen „Rehborner Herrenberg" und „Raumbacher Schwalbennest" reifen Rieslinge und rote Burgunder auf von Schiefer durchsetzten, leichten und somit luftdurchlässigen Böden zu anregenden Weinen mit einer besonders mineralischen Note heran. Die Lage „Obere Heimbach" ist, bedingt durch sandige Lehmböden, ideal für samtig-weiche, weiße Burgunder und einen tiefroten Dornfelder mit vollmundig-kräftiger Beerenwürze.

Hervorzuheben ist der ausgezeichnete Riesling Metamorphit, ein höchst individueller, vom Gestein geprägter ausdrucksvoller Wein. Diplom-Ingenieur für Weinbau Gregor Barth zeigt mir, erfüllt von Stolz und Leidenschaft, seinen Betrieb. Mit bleibendem Erleben erkunden Sie mit ihm Weinkeller und Rüttelkeller für die fantastischen Sekte, hergestellt nach dem klassischen Flaschengärungsverfahren. Im eindrucksvollen Sandsteingewölbe, dem Weinprobierkeller des Hauses, probieren Sie die filigranen und mit ihrer bestechend schönen Eleganz imponierenden Köstlichkeiten. Mit viel persönlicher Note nimmt man sich Ihrer an.

Wollen Sie nach einer Weinprobe übernachten, bietet das behagliche Hotel modern eingerichtete Zimmer und im großzügigen Apartment finden Familien mit zwei oder drei Kindern den richtigen Platz für einen schönen Urlaub.

Im Restaurant genießen Sie leckere Gerichte. Sehr beliebt ist das Wild aus der heimischen Jagd. Gekonnt versteht es Küchenchef Michael Graf, daraus sehr feine Spezialitäten zuzubereiten. Ergreifen Sie dabei auch die Möglichkeit, eine spontane Weinprobe am Tisch zu erleben. In der ehemaligen Scheune werden heute schöne Feste gefeiert. Besonders beliebt: die lauen Sommerabende inmitten des blühenden Innenhofes mit seinem idyllischen Bachlauf. Genießen Sie es – mit Freude!

REZEPT SEITE 195

WEINGUT-HOTEL-RESTAURANT BARTH
Lindenallee 23
55590 Meisenheim
Telefon 0 67 53 / 54 77
www.hotelweingut-barth.de

REZEPTE AUS DER PFALZ

LACHSTATAR
Restaurant La Bohème, Seite 86

ZUTATEN FÜR 4 PERSONEN
200 g frisches Lachsfilet, 50 g geräucherter Lachs, 20 g feingehackter Dill, 1 rote Zwiebel, ½ Salatgurke, 1 Zitrone, gepresst, Salz und Pfeffer aus der Mühle

ZUBEREITUNG
Zwiebel schälen und klein würfeln, Salatgurke waschen, davon Scheiben schneiden und diese würfeln. Das Lachsfilet klein würfeln, den geräucherten Lachs grob hacken. Die Zutaten mischen, mit Salz und Pfeffer abschmecken. Zitronensaft unter die Komposition geben und sanft durchmischen. Mit Salz und Pfeffer aus der Mühle würzen. Dekorieren Sie die Teller mit Cremo Balsamico und zwei Salatblättern. Das Lachstatar in einer beliebigen Form daraufsetzen und mit Dillzweig, Sherrytomate und Zitronenscheibe garnieren. Dazu passt getoastetes Weißbrot.

BLUTWURSTKUCHEN
Weinhaus Henninger, Seite 32

ZUTATEN FÜR 2 GROSSE BACKBLECHE
3000 g Blutwurst, grob gewürfelt, 400 g Zwiebeln, gewürfelt, 200 g Spinat, blanchiert und gehackt, 400 g Tomaten, gehackt, 50 g Petersilie, gehackt, 3 EL Knoblauch in Öl, 200 g Kochmargarine, Salz, Pfeffer, Muskat, Majoran, Cayenne, Schabzigerklee, eine Prise Zimt, Estragon, Rosmarin, Thymian, Nitritpökelsalz, 2 kg Paniermehl – je nach Bindung mehr oder weniger, 750 g Crème fraîche, 1000 ml Sahne, 500 ml Gemüsebrühe, Kräuter der Provence, Eigelb, 1 Rezept Pâté briseé (1000 kg Mehl, 500 g Butterschmalz, 500 ml Wasser und 20 g Salz werden zu einem glatten Teig verarbeitet)

ZUBEREITUNG
Zwiebeln, Spinat, Tomate, Knoblauch, Petersilie und Blutwurst im Butterschmalz bei niedriger Hitze auslassen bzw. glasig anschwitzen. Crème fraîche, Sahne und Gewürze zugeben und abschmecken. Mit der Gemüsebrühe auffüllen, dem Paniermehl abbinden und quellen lassen. Bei schwacher Hitze etwas köcheln und danach abkühlen lassen. Das Pâté briseé dünn auswallen und auf gebutterte, mit Maisgrieß bestreute Bleche geben. Die Blutwurstmasse 2 cm dick aufstreichen und den Deckel aus Teig darüber geben – komplett mit dem Pâté briseé schließen. Mit Eigelb und leicht mit Kräutern der Provence bestreichen. Bei 175 °C 45 Minuten im Ofen/Konvektomat backen. Auskühlen lassen und dann schneiden bzw. portionieren. Dazu warme Apfelstückchen in Meerrettichrahm und Preiselbeeren geben.

RÖLLCHEN VOM KALBSTAFELSPITZ

Hotel Restaurant Ölmühle, Seite 166

ZUTATEN FÜR 4–6 PERSONEN

KALBSTAFELSPITZ
1 Kalbstafelspitz (ca. 700 g), 2 Knoblauchzehen, je 3 Zweige Thymian und Rosmarin, Fett zum Anbraten, etwas Butter, Dill

GURKENSALAT
1 Salatgurke, frischer Dill, Crème fraîche, Weißweinessig, Salz, weißer Pfeffer

FRANKFURTER GRÜNE SOSSE
200 g Kräuter, davon Schnittlauch, Borretsch, Sauerampfer, Pimpinelle, Kresse, Kerbel, Petersilie. (Die Kräutermischung kann im Gemüsehandel vorbestellt werden.)

MAYONNAISE
3 Eigelb, 1 TL Dijonsenf, 250 ml Öl, Salz, weißer Pfeffer, 3 EL Crème fraîche,

SCHNITTLAUCHRADIESCHEN-VINAIGRETTE
½ Bund Radieschen, 1 Bund Schnittlauch, Weißweinessig, Sonnenblumenöl, Salz, weißer Pfeffer

ZUBEREITUNG

Kalbstafelspitz mit Salz und Pfeffer würzen, von allen Seiten gut anbraten, mit etwas Butter den Knoblauch, Thymian und Rosmarin im Ofen bei ca. 160 °C 30 Minuten medium garen. Danach gut abkühlen! Salatgurke in feine Streifen schneiden, leicht salzen und auf ein Sieb geben. Gehackten Dill mit Crème fraîche, Weißweinessig zu einer cremigen Soße verrühren, mit Salz und Pfeffer abschmecken und die Gurkenstreifen dazugeben. Für die Frankfurter Grüne Soße die Kräuter mit einem Mixer ganz fein pürieren (geht am besten durch Zugabe von etwas Öl). Das Eigelb mit dem Senf verrühren und das Öl tropfenweise zugeben, so dass eine Emulsion entsteht. Alle Zutaten sollten Zimmertemperatur haben. Die frische Mayonnaise mit pürierten Kräutern und Crème fraîche vermengen, mit Salz und Pfeffer abschmecken. Schnittlauch und Radieschen in feine Streifen schneiden, mit Weißweinessig und Öl marinieren, mit Salz und weißem Pfeffer abschmecken. Wenn das Tafelspitz gut gekühlt ist, in dünne Scheiben schneiden (immer gegen die Faser schneiden!). Auf einer Platte auslegen, mit dem Gurkensalat füllen und zusammenrollen. Die Röllchen auf Teller anrichten, die Schnittlauch-Radieschen-Vinaigrette darüber geben. Zum Schluss zusammen mit der Soße servieren.

REZEPTE AUS DER PFALZ

SALAT VON PULPO UND SEPIA
Restaurant Spinne, Seite 74

ZUTATEN FÜR 4 PERSONEN

MEERESFRÜCHTE
2 Sepia, 1 Pulpo, 1 l Wasser, 200 ml Essig, 3 Knoblauchzehen, 3 Zweige Rosmarin, 10 schwarze Pfefferkörner, 1 Lorbeerblatt, 1 kleine Zwiebel, Meersalz

ZUBEREITUNG
Sepia putzen, in vier Teile schneiden und von beiden Seiten fein ziselieren. Pulpo putzen, dabei den Schnabel entfernen und die Tentakel vom Körper trennen. Aus den restlichen Zutaten einen Fond herstellen. Eine Stunde ziehen lassen und passieren. In diesem Sud den Pulpo vorsichtig simmernd garen. Nach zwei bis drei Stunden ist der Oktopus weich.

OCHSENTOMATE, NADELBOHNEN-KARTOFFEL-RAGOUT
2 Stück Ochsentomaten, 100 g Nadelbohnen, 100 g Kartoffelwürfel, 100 ml Olivenöl, Saft von einer Zitrone, Meersalz, schwarzer Pfeffer

ZUBEREITUNG
Ochsentomaten waschen, trocknen und in Scheiben schneiden. Nadelbohnen und Kartoffelwürfel gleich groß schneiden und blanchieren. Jetzt die Marinade aus Olivenöl, Zitronensaft, Meersalz und Pfeffer herstellen und das Gemüse damit beträufeln.

LIMONEN-SCHAUM-ÖL
2 Eiweiß, 1 Prise Salz, Limonenöl

ZUBEREITUNG
Eiweiß mit Salz vermischen und so viel Limonenöl einlaufen lassen, bis eine mayonnaiseartige Konsistenz entsteht. In einen ISI füllen und kaltstellen.

FLEESCHKNEPP MIT MEERRETTICHSOSSE UND KARTOFFELSTAMPF
Hambels Restaurant, Seite 48

ZUTATEN FÜR 4 PERSONEN

FLEESCHKNEEP
1 kg magerer Schweinebauch ohne Knochen und Schwarte,
2 Eier, 2 Brötchen, Salz, Pfeffer, Thymian, Koreander, Muskat

MEERRETTICHSOSSE
30 g Butter, 10 g Mehl zum Stäuben, ½ Zwiebel, 500 ml Brühe,
250 ml Sahne, 200 g Meerrettichpaste, Salz, Pfeffer, Muskat

KARTOFFELSTAMPF
500 g mehlig kochende Kartoffeln, 50 g Butter,
1 kleiner Bund Schnittlauch, Salz, Pfeffer, Muskat

ZUBEREITUNG

In einem großen Topf Fleischbrühe aufkochen lassen. Die Brötchen in Wasser einweichen und gut ausdrücken. Den Schweinebauch in Streifen schneiden und mit den Brötchen durch die 4-5 mm Lochscheibe im Fleischwolf lassen. Die Eier dazugeben und mit Salz, Pfeffer, Muskatnuss und Koreander abschmecken. Aus der Masse acht bis zehn Knödel formen und ca. 35 Minuten bei 80 °C in der heißen Fleischbrühe garen.

Die Zwiebel fein würfeln und in der Butter glasig anschwitzen. Mit dem Mehl leicht stäuben, sofort mit der Brühe ablöschen und etwas einkochen lassen. Die Sahne und den Meerrettich zugeben, das Ganze gut aufkochen lassen und mit den Gewürzen abschmecken.

Die Kartoffeln waschen und schälen, danach in Stücke schneiden und in Salzwasser kochen. Das Wasser abschütten, die Butter dazugeben und mit dem Kartoffelstampfer gut zudrücken. Mit den Gewürzen abschmecken und zum Schluss den feingeschnittenen Schnittlauch zugeben. Mit dem Löffel Nocken abstechen und servieren.

REZEPTE AUS DER PFALZ

FRÜHLINGSROLLE VOM PFÄLZER SAUMAGEN
WEINreich, Seite 30

ZUTATEN FÜR 6 PERSONEN

250 g Saumagenscheiben (ca. 3 mm dick), je 80 g geschälte Karotten, Sellerie, Zwiebeln, Lauch, 1 kleine Zehe Knoblauch, 90 g grober Senf, 1 EL gehackter frischer Majoran, 12 Blätter Frühlingsrollenteig (viereckig, ca. 20 x 20 cm), Salz, Pfeffer, Zucker, etwas Rapsöl, 1 Ei

ZUBEREITUNG

Saumagen in ca. 5 mm breite Streifen schneiden und in eine Schüssel geben, Karotten, Sellerie und Lauch in ca. 5 cm lange, 2 mm breite Streifen schneiden, Zwiebeln halbieren und in ca. 2 mm breite Streifen schneiden, Knoblauch hacken. Die Gemüsestreifen in einer sehr heißen Pfanne eine bis zwei Minuten mit etwas Rapsöl anschwitzen, zum Schluss den gehackten Knoblauch zugeben und mit Salz, Pfeffer, einer kleinen Prise Zucker, dem groben Senf und gehackten Majoran abschmecken. Geben Sie das Gemüse zum Abkühlen auf einen flachen großen Teller. Wenn das Gemüse kalt ist, mit dem Saumagen in der Schüssel vorsichtig vermengen. Legen Sie die Frühlingsrollenblätter auf eine trockene Arbeitsfläche, nicht zu viele gleichzeitig, da sie sehr schnell austrocknen. Ca. 50 g der Saumagenmasse auf das untere Drittel des Blattes geben, das untere Ende einmal umschlagen, die Seiten einschlagen, die noch vorhandenen Ränder mit verquirltem Ei bestreichen und im Anschluss vollständig zusammenrollen. In der Fritteuse bei 170 °C goldgelb ausbacken.

KNEPP UND GRUMBEERE
Hotel-Restaurant Reweschnier, Seite 174

ZUTATEN FÜR 4 PERSONEN

KNEPP

1 l Rinderbrühe, 150 ml Milch, 100 g Brötchenwürfel, 6 Eier, 40 g frische Kräuter, 500 g Mehl, Typ 405, 600 g Kartoffeln, Salz, Muskat

SOSSE

50 g Butter, 100 g Bauchspeck (geräuchert, durchwachsen), 100 g Zwiebeln, 500 g Lauchzwiebeln, 500 ml Sahne, Salz, Pfeffer

ZUBEREITUNG

Die Kräuter fein hacken. Mit Milch, Brotwürfeln und Eiern vermengen. Die Masse mit Salz und Muskat abschmecken. Das Mehl nach und nach unterrühren. Inzwischen die Rinderbrühe aufkochen und anschließend weiterköcheln lassen. Die fertige Masse mit einem Esslöffel abstechen, in der heißen Rinderbrühe gar ziehen lassen und mit einem Schaumlöffel herausnehmen. Die Kartoffeln schälen und ebenfalls in der Brühe garen. Für die Soße Speck und Zwiebeln in feine Würfel schneiden. Die Lauchzwiebeln in Ringe schneiden. In einer Pfanne etwas Butter erhitzen und alles goldbraun anbraten. Sahne angießen und die Soße zu zwei Drittel einreduzieren lassen. Mit Salz und Pfeffer abschmecken. Knödel und Kartoffeln auf vier Teller verteilen und die Soße dazugeben. Dazu schmecken Äpfel oder ein Salat der Saison.

ASIATISCHER RINDFLEISCHSPIESS MIT SESAM, GEBRATENEM GEMÜSE UND EIERNUDELN
Zur Alten Küferei, Seite 116

ZUTATEN FÜR 1 PERSON
180 g Rumpsteak, 120 g gemischter Paprika, 100 g Zwiebeln, 80 g Karotten, 60 g Zucchini, 60 g Aubergine, 40 g Brokkoli, 100 g Eiernudeln (Rohgewicht), je 1 g Knoblauch, Ingwer und frischer Koriander, Abrieb von 1 Zitrone, je 1 TL Sojasoße und Süße Chilisoße, 10 g Sesamkörner

ZUBEREITUNG
Fleisch in ca. 1,5 cm große Stücke schneiden und auf 2 Holzspieße aufspießen (nicht würzen). Gemüse in feine Streifen schneiden, Brokkoli in kleine Röschen. Ingwer und Knoblauch fein hacken. Koriander fein hacken. Nudeln al dente kochen. Wokpfanne auf den Herd stellen und heiß machen, etwas Öl hinein und erhitzen. Fleischspieße in der Pfanne von allen Seiten gut anbraten. Etwas Sesamkörner darüber geben und kurz anrösten (Aufpassen! Das brennt schnell an). Mit etwas Sojasoße und Süßer Chilisoße ablöschen. Das Fleisch kurz darin glacieren. Spieße rausnehmen, auf ein kleines Blech legen und die Soße mit dem Sesam darübergeben. Stellen Sie das Fleisch auf die Seite und lassen Sie es ruhen. Nun mit der gleichen Pfanne weitermachen und das Gemüse der Härte nach anbraten. Zwiebeln, Paprika und Karotten zuerst. Wenn das halb gar ist, das restliche Gemüse und Ingwer, die Zitronenschale und den Knoblauch dazugeben und gut mitbraten.

WICHTIG
In der asiatischen Küche soll das Gemüse al dente sein und nicht verkocht. Dann die gekochten Eiernudeln und den Koriander hinzu. Alles gut heiß erhitzen und mit Soja und süßer Chilisoße abschmecken.

REZEPTE AUS DER PFALZ

GESCHMORTE SCHWEINEBÄCKCHEN IN SPÄTBURGUNDERSOSSE UND BUNTEM GEMÜSE

Landgasthof-Hotel Zum Ochsen, Seite 160

ZUTATEN FÜR 4-6 PERSONEN

SCHWEINEBÄCKCHEN

800 g Schweinebäckchen, Salz, Pfeffer, 50 g Fett oder Öl, 40 g Mehl zum Wenden, 80 g Zwiebeln, 80 g Karotten, 50 g Sellerie, 1 Knoblauchzehe, 1 EL Tomatenmark, 150 ml Pfälzer Spätburgunder, 500 ml Fleischfond, Gemüsefond oder auch Wasser, 2 Lorbeerblätter, 1 Nelke, 1 Thymianzweig, 2 Wacholderbeeren, 4 Pfefferkörner, 2 Zweige Rosmarin

Schweinebäckchen sauber putzen, die Knochenhaut und das unnötige Fett gut entfernen. Gleichmäßig würzen und mit Mehl bestäuben. Auf allen Seiten sanft anbraten, am besten in einer Kasserolle. Die Schweinbäckchen herausnehmen und das Röstgemüse in Würfel schneiden, langsam anbraten, das Tomatenmark kurz mitschwitzen, leicht Farbe nehmen lassen, mit dem Spätburgunder Rotwein auf 2 Mal ablöschen, reduzierend einkochen lassen. Mit Fleischbrühe auffüllen und die Schweinebäckchen dazugeben. Einmal aufkochen lassen und dann bei kleiner Hitze mit zugedecktem Deckel ca. 1-2 Stunden schmoren lassen. Die Gewürze und die Kräuter beifügen, mitziehen lassen. Wenn die Schweinebäckchen gar sind, aus der Soße herausnehmen. Die Soße durch ein feines Sieb passieren und aufkochen. Eventuell wenn nötig etwas abbinden. Die Schweinebäckchen kann man toll in der fertigen Soße bis zum Servieren ziehen lassen und warm halten.

GEMÜSE UND KARTOFFELN

12 Kaiserschoten, 2 Karotten, 1 Zucchini, 4 Lauchzwiebeln, 8 kleinere Kartoffeln

Das Gemüse waschen, putzen, schneiden, blanchieren oder dämpfen. Vor dem Servieren in Butter kurz anschwitzen.

ANRICHTEN

Schweinebäckchen auf dem Teller platzieren, mit Spätburgundersoße übergießen. Mit Dampfkartoffeln und Gemüse servieren. Mit einem Rosmarinzweig garnieren.

LAMMKARREE AUF AUBERGINENPÜREE, PFIFFERLINGE IN MINZBUTTER, ROSMARINKARTOFFELN & BÄRLAUCHKRUSTE

Netts Restaurant und Landhaus, Seite 72

ZUTATEN UND ZUBEREITUNG FÜR 4 PERSONEN

LAMMKARREE

600 g Lammkarree, Knoblauch, Thymian, Salz, Pfeffer

Lammkarree salzen und pfeffern. In einer heißen Pfanne mit etwas Olivenöl scharf anbraten. Ofen auf 200 °C vorheizen und angebratenes Lammkarree für 6 Minuten bei 200 °C und danach bei ca. 55 °C füt 30 Minuten im Ofen ruhen lassen. Kurz vor dem Servieren etwas Butter und Olivenöl, Knoblauch und Thymian in der Pfanne schmelzen und das Lammkarree mehrmals damit übergießen.

BÄRLAUCHMANDELKRUSTE

125 g weiche Butter, 2 Eigelb, 50 g geröstete, nicht mehr warme Mandelblättchen, 50 g Semmelbrösel, 5 feingehackte Bärlauchblätter.

Die Butter aufschlagen. Eigelb, Mandelblättchen und Semmelbrösel unterrühren. Feingehackte Bärlauchblätter dazugeben und mit Salz und Pfeffer abschmecken. Die Buttermasse kühl stellen. Kurz vorm Servieren die Buttermasse auf das Lammkarree geben und bei starker Oberhitze gratinieren.

AUBERGINENPÜREE

4 Auberginen, Olivenöl, Salz, Pfeffer, Knoblauch, Rosmarin

Auberginen längs halbieren, das Fruchtfleisch rautenförmig ca. 1 cm tief einschneiden und aufs Backblech legen. Auberginen mit reichlich Olivenöl, Thymian, Knoblauch und Rosmarin bestreuen und bei 200 °C ca. 30 Minuten braun backen lassen. Fruchtfleisch mit einem Löffel ausschaben und mit einem Pürierstab fein mixen. Mit Salz und Pfeffer abschmecken.

ROSMARINKARTOFFELN

500 g kleine, festkochende Kartoffeln, Olivenöl, Rosmarin, Salz, Pfeffer

Kartoffeln mit der Schale gar kochen. Abkühlen lassen und längs halbieren. In Olivenöl goldbraun auf der Schnittfläche anbraten. Zum Schluss Rosmarinzweig, Salz und Pfeffer durch die Pfanne schwenken.

PFIFFERLINGE

250 g Pfifferlinge, Olivenöl, 2 Schalotten, 30 g Butter, 3 Blatt Minze, 2 Stangen Frühlingslauch, Salz, Pfeffer

Pfifferlinge mit etwas Mehl bestäuben und gründlich in kaltem Wasser waschen. Gegebenenfalls mehrmals wiederholen, bis sich kein Schmutz mehr absetzt. Schalotten fein würfeln. Pfifferlinge in heißer Pfanne anbraten. Nach 2 Minuten die gehackten Schalotten zugeben, mit etwas Madeira ablöschen. Temperatur der Pfanne etwas zurücknehmen, Butter hinzufügen und schmelzen lassen. Feingehackte Minze und Frühlingslauch mitschwenken, salzen und pfeffern.

REZEPTE AUS DER PFALZ

GEGRILLTE RIESENGARNELEN MIT WOK-GEMÜSE UND SPAGHETTI

Landgasthaus Die Nachtigall, Seite 142

ZUTATEN FÜR 2 PERSONEN

4 ganze Garnelen, Olivenöl zum Anbraten, 1 Zwiebel, 4 Karotten, 6 kleine Tomaten, 1 Karotte klein, für Deko, je 1 rote und 1 grüne Paprika, 1 EL Sojasoße, 250 ml Kokosmilch, 1 EL rote Currypaste, 1 Knolle Ingwer, 1 Knoblauchzehe, 1 Bund Zitronengras, 250 g Spaghetti, 1 Bund Koriander

ZUBEREITUNG

Öl im Wok heiß werden lassen, Garnelen auf dem Grill rösten, Zwiebeln, Ingwer, Knoblauch und Zitronengras, Karotten und Paprika fein schneiden. Im Wok die Zwiebeln anbraten, Karotten, kleine Tomaten und Paprika hinzufügen, mit Sojasoße ablöschen. Ständig rühren, Anbrenngefahr! Kokosmilch angießen, Currypaste hinzufügen, gut umrühren. Die abgekochten Spaghetti hinzugeben, gut heiß werden lassen und gut verrühren. Auf zwei große Pastateller verteilen. Die Garnelen vom Grill nehmen und auf den Nudeln garnieren. Aus der kleinen Karotte eine Blume formen und in der Mitte platzieren. Mit Korianderblättern garnieren und heiß servieren.

KALBSFILET IM PFEFFERMANTEL MIT SPARGEL-SALTIMBOCCA UND PETERSILIENWURZEL-PÜREE

Schloss Edesheim, Seite 108

ZUTATEN FÜR 4 PERSONEN

1 pariertes Kalbsfilet, ca. 300 g geölter Spargel, 4 Scheiben Parmaschinken, 400 g Petersilienwurzel mit Grün, 100 ml Schlagsahne, 200 ml Geflügelbrühe, 50 ml Noilly Prat, 1 TL Meersalz, 4 Blätter Salbei, 1 EL Butter, 1 TL milder Pfeffer, 2 EL schwarzer Sesam, 3 EL heller Sesam, 3 Scheiben Weißbrot ohne Rinde, 1 Zweig Thymian

ZUBEREITUNG

Für die Pfeffermischung Pfeffer, Sesam, Weißbrot und Thymian miteinander vermischen. Kalbsfilet in der Pfeffermischung wälzen und in Klarsichtfolie einwickeln. In ca. 65 °C heißem Wasserbad 20 Minuten garen und anschließend ausgepackt im Backofen bei 100 °C ca. 5 Minuten garen.

Spargel in Salzwasser zum Kochen bringen, sobald es kocht, Hitze abstellen und 20 Minuten ziehen lassen, herausnehmen, auf einem Tuch abtropfen lassen, mit Schinken umwickeln und in zerlassener Butter anbraten

Petersilienwurzel schälen (Grün aufheben) und in etwas Butter leicht anschwitzen, mit Noilly Prat ablöschen, mit Geflügelfond und Sahne auffüllen und köcheln lassen, bis sie weich sind. Petersilienwurzel abtropfen lassen, ohne Flüssigkeit pürieren, Petersiliengrün fein pürieren und zum Wurzelpüree zugeben. Jetzt alles nach Belieben auf einem Teller anrichten.

ROSA KALBSRÜCKEN MIT KRÄUTERÖL AUF GEBRATENEN ARTISCHOCKEN UND KARTOFFELNOCKEN

Weinstube Bach-Mayer, Seite 42

REZEPT FÜR 4 PERSONEN

KALBSRÜCKEN

4 Kalbsrückensteaks à ca. 180 g, je 1 Zweig Rosmarin und Thymian, Salz und Pfeffer, Öl zum Anbraten

ARTISCHOCKEN/OLIVENFOND

6 große Artischocken, 2 Zitronen, 1 Zwiebel (grob gewürfelt), 50 g Karotten (gewürfelt), 50 g Knollensellerie (gewürfelt), 2 ausgedrückte Knoblauchzehen, je 1 Zweig Rosmarin und Thymian, 2 Lorbeerblätter, 200 ml Olivenöl, 200 ml Weißwein, 100 ml Vermouth, 50 ml weißer Portwein, 300 ml heller Fond (Kalb, Geflügel oder Gemüse), 1 mehlige Kartoffel (fein gerieben), Salz, Pfeffer, Muskat

KRÄUTERÖL

100 ml Olivenöl, 3 EL gemischte Kräuter, gehackt (Estragon, Kerbel, Basilikum, Blattpetersilie)

KARTOFFELNOCKEN

400 g gekochte mehlige Kartoffeln, 100 g Ricotta, 2 Eigelb, 100 g Mehl, 40 g Speisestärke, Salz, Pfeffer, Muskat

ZUBEREITUNG

Die noch heißen Kartoffeln durch eine Kartoffelpresse in eine Schüssel drücken. Ricotta und Eigelb zugeben. Mit Salz, Pfeffer und Muskat würzen, vermengen. Mehl und die Speisestärke darüber sieben und zu einem Teig verarbeiten. Nockenteig zu einem Zylinder rollen. Scheiben herunterschneiden und zu langen Würsten ausrollen. Mit Hilfe einer Teigkarte Nocken abstechen. Im kochenden Salzwasser abkochen. In Eiswasser abkühlen, in einem Durchschlag abschütteln, beiseite stellen. Artischocken vorbereiten, indem Sie die äußeren Blätter wegschneiden. Das untere Drittel abschneiden. Das Heu der Artischocke mit Hilfe eines Löffels entfernen und in Wasser mit Zitronensaft vor dem Anlaufen aufbewahren. Für den Olivenfond die Zwiebel, Karotten, Sellerie, Knoblauch und Gewürze in Olivenöl, ohne Farbe, anbraten. Die Artischocken abgießen, zugeben und weiter mit anbraten, mit Salz, Pfeffer und Muskat würzen. Mit Weißwein, Vermouth und weißem Portwein ablöschen und zur Hälfte reduzieren. Danach mit dem hellen Fond aufgießen. Die feingeriebenen Kartoffeln zugeben, mitkochen. Die weichen Artischockenböden herausnehmen und abkühlen lassen. Den Olivenfond durch ein Sieb passieren. Artischocken in Ecken schneiden. Für das Kräuteröl das Olivenöl leicht erwärmen und darin die gehackten Kräuter blanchieren. Mit einem Stabmixer ein Kräuteröl herstellen. Rückensteaks in einer heißen Pfanne beidseitig anbraten. Im Ofen bei ca. 140 °C 6-8 Minuten garen, herausnehmen und abgedeckt ruhen lassen. In der Zwischenzeit die Artischockenecken und die Kartoffelnocken in etwas Butter leicht anbraten, mit Salz und Muskat würzen. Olivenfond abschmecken und ggf. binden. Kalbfleisch in etwas Butter, dem Knoblauch und den Kräutern nachbraten. Die gebratenen Artischocken, die goldgelb gebräunten Kartoffelnocken auf Tellern verteilen. Kalbsrückensteaks auf die Artischocken setzen. Olivenfond aufmixen und die Steaks damit nappieren. Kräuteröl drumherum träufeln.

REZEPTE AUS DER PFALZ

TRANCHEN VOM ROSA GEBRATENEN RINDERFILET AN KAPERN-ZITRONEN-BUTTER UND KIRSCHTOMATEN
Restaurant Culinarium, Seite 146

ZUTATEN FÜR 4 PERSONEN
800 g Rinderfilet, 2 Zitronen (davon Filets, Zeste & Saft), 1 EL Kapernbeeren, 80 g Butter, 300 g mehlige Kartoffeln (geschält, gekocht, gepresst), 2 Eigelb, 50 g Weizenmehl, 10 ml weißer Balsamicoessig, 10 ml Champagneressig, 20 ml frisch gepresster Orangensaft, 60 ml kalt gepresstes Olivenöl, 10 g Honig, 10 g Dijonsenf, 150 g Rucola, gewaschen, 200 g Honigtomaten, 1 Zweig Thymian, 1 Zweig Rosmarin, 1 Zweig Blattpetersilie, 4 große Kapernbeeren, 1 Knoblauchzehe, Butterschmalz zum Braten, Meersalz, Pfeffer & Muskat aus der Mühle

ZUBEREITUNG
Rinderfilet in Butterschmalz rundherum scharf anbraten und bei ca. 90 °C im Backofen auf 54 °C (am besten einen Kerntemperaturfühler benutzen) im Kern garen. In der Zwischenzeit aus den gepressten Kartoffeln, Weizenmehl, Eigelb, Salz und Muskat einen Teig herstellen. Kartoffelteig in kleine Kugeln portionieren und mit der Gabel die typische Gnocchiform eindrücken. Die Gnocchi kurz im siedenden Salzwasser abkochen. Die Essige, Honig, Orangensaft und Dijonsenf in ein hohes Gefäß geben und mit einem Pürierstab mixen, nach und nach das Olivenöl zugeben, bis eine sämige Konsistenz entsteht. Die Butter in einem Topf zergehen lassen und die Kapern, Limonenzeste sowie den Saft dazugeben, die Butter mit Salz, Muskat und Pfeffer abschmecken. Das rosa gegarte Rinderfilet aus dem Ofen nehmen und kurz ruhen lassen. Die Kartoffelgnocchi in einer Pfanne mit Butterschmalz goldbraun anbraten, in einer Schüssel den Rucola, die halbierten Honigtomaten, das Dressing und die warmen Gnocchi vermengen, anschließend auf einem Teller anrichten. Das Filet in Butterschmalz und Aromaten nachbraten, in schmale Tranchen schneiden, neben dem Gnocchisalat auf dem Teller platzieren und mit der heißen Kapernbutter übergießen. Anschließend mit den Limonenfilets, großen Kapernbeeren, Meersalzflocken und Kräutern garnieren.

ROSA GEBRATENER REHRÜCKEN AUF ZUCKERSCHOTEN-PFIFFERLING-GEMÜSE UND MANGO-POLENTA

Weingut-Hotel-Restaurant Barth, Seite 182

ZUTATEN FÜR 4 PERSONEN

800 g Rehrücken, 1 l Gemüsebrühe, 230 g Polentagrieß, 100 g Butter, 150 ml Mangopüree, 2 Zweige Rosmarin, 2 Zweige Thymian, 125 g Zuckerschoten, 200 g Pfifferlinge, Salz, Pfeffer

ZUBEREITUNG

Zuerst die Brühe erhitzen, 50 g Butter, 150 ml Mangopüree hinzufügen. Wenn alles kocht, den Grieß beifügen und ca. 2 Minuten kochen lassen. Die Masse auf ein Blech gießen und ca. 2 Stunden kühl stellen. Zuckerschoten blanchieren und sofort mit Eiswasser abschrecken. Pfifferlinge gut waschen. Die Polenta ausstechen und in einer Pfanne goldbraun braten.
Den Rehrücken mit Salz und Pfeffer würzen und von jeder Seite scharf anbraten. Danach für 6-8 Minuten bei 165 °C in den vorgeheizten Backofen geben. Danach den Rehrücken in Alufolie wickeln und 5 Minuten ruhen lassen. Inzwischen Pfifferlinge und Zuckerschoten in der Pfanne anbraten und abschmecken. Den Rehrücken aus der Folie nehmen und mit restlicher Butter und Kräutern in einer Pfanne so lange erhitzen, bis die Butter braun wird. Anschließend anrichten.

WOLFSBARSCHFILET MIT CURRY-LIMETTEN-SOSSE UND BASMATI-WÜRZBLÜTENREIS

Restaurant Zum Alten Keiler, Seite 176

ZUTATEN FÜR 6 PERSONEN

1 200 g Wolfsbarschfilet (wenn möglich ganzen Fisch kaufen und filetieren), 2 Tassen Basmatireis, 2 EL getrocknete oder frische essbare Blüten, 4 EL Rapsöl, 3 Schalotten, ½ Möhre, Knollensellerie (etwa die gleiche Menge wie die Möhre), 1 kleiner Apfel, ½ Mango, 3 Scheiben Ananas, 1 Orange ohne Schale, 1 Pfirsich, 1 Stange Zitronengras, 3-4 Limettenblätter, 3 EL Curry, 1 TL Currypaste, ½ l Hühnerfond, ¼ l Kokosmilch

ZUBEREITUNG

Für die Soße das Öl in einem Topf erhitzen. Zuerst die Schalotten glasig anschwitzen, anschließend die Möhren und den Knollensellerie anschwitzen. Die in Würfel geschnittenen Früchte, Currypaste, Curry, Zitronengras und Limettenblätter dazugeben. Mit dem Hühnerfond auffüllen und alles ca. 20 Minuten leicht köcheln lassen. Nun die Kokosmilch hinzugeben und einmal aufkochen lassen. Alles pürieren und nach Bedarf mit Speisestärke abbinden. Zum Schluss mit Salz und Pfeffer abschmecken. Reis abkochen, eine Flocke Butter und die Blüten untermischen, direkt anrichten. Das Wolfsbarschfilet trocken tupfen und die Haut etwas einschneiden. Mit Meersalz würzen und bei mittlerer bis starker Hitze auf der Hautseite goldgelb anbraten. Zu beachten ist dabei, dass das Filet nur auf der Hautseite gebraten wird, so lange bis sich das Fleisch von unten nach oben weiß färbt.

REZEPTE AUS DER PFALZ

SEMIFREDDO PARFAIT NACH ART DES HAUSES
Landgasthaus Zur Traube, Seite 20

ZUTATEN FÜR 4 PERSONEN
250 ml Sahne, 100 g Amarettini (ital. Mandelgebäck), Amaretto (ital. Mandellikör), 5 Eigelb, 100 g Zucker, 1 Stange Bourbon-Vanille, 125 ml Milch, 1 TL Kakao

ZUBEREITUNG
Die Sahne steif schlagen und kühl stellen. Die Amarettini mit etwas Mandellikör benetzen. Eigelb und Zucker schaumig rühren, das Mark der Vanilleschote und die Milch zugeben und mit einem Schneebesen im Wasserbad cremig aufschlagen. Danach die gekühlte Sahne vorsichtig unterheben. Ein Drittel der Masse in geeignete Form oder Förmchen geben. Die „beschwipsten Amarettini" obenauf geben und mit einem weiteren Drittel der Creme bedecken. Unter das letzte Drittel der Masse den Kakao rühren und obenauf geben. Danach für mind. 24 Stunden im Tiefkühlfach frosten.

ROSTIGE RITTER
Gasthaus Zur Kanne, Seite 52

ZUTATEN FÜR 4 PERSONEN
200 ml Milch, 50 g Zucker, 1 halbe Vanilleschote, 4 altbackene Brötchen

ZUBEREITUNG
Milch, Zucker und halbe Vanilleschote zusammen aufkochen. Brötchen in heißer Vanillemilch einweichen, bis sie sich vollgesaugt haben. Den Ritter erst in zerkleppertem Ei wenden, dann in Weckmehl panieren. In einer Pfanne in Butter von allen Seiten goldbraun anbraten. Mit Zimtzucker bestäuben und diesen leicht in der Pfannenhitze karamellisieren lassen. Dazu kann Vanillesoße und Erdbeer- oder Himbeersorbet serviert werden.

TARTE VON PFÄLZER ERDBEEREN AN VANILLERAHM UND PFIRSICH-JOGHURT-EIS

Grünwedel's Restaurant, Seite 84

REZEPT FÜR 4 PERSONEN

TARTE

300 g Mehl, 200 g Butter, 100 g Zucker, 1 Ei, 2 EL Schmand, 1 TL Puderzucker, Abrieb von ½ Limette, Mark von ½ Vanilleschote, 250 g Erdbeeren

ZUBEREITUNG

Die Zutaten sollten Zimmertemperatur haben. Mit Mehl eine Mulde bilden. Die restlichen Zutaten hineingeben und mit möglichst wenigen Griffen zu einem geschmeidigen Teig verarbeiten, da dieser sonst bröselig (brandig) wird. Ausrollen und in Form bringen. Je nach Stärke bei 165 Grad 5 bis 10 Minuten backen. Abkühlen lassen.

Für die Zwischenschicht Schmand, Puderzucker, Limettenabrieb und Vanilleschote verrühren, auf den abgekühlten Teig geben und mit Erdbeeren belegen.

PFIRSICH-JOGHURT-EIS

500 g Pfirsich, 200 g Joghurt, 200 g Puderzucker, 1 Limette, 1 Vanilleschote

ZUBEREITUNG

Pfirsiche schälen und mit einem Pürierstab mixen. Dann die restlichen Zutaten untermischen und in einer Sorbetmaschine frieren.

VANILLERAHM

250 ml Sahne, 3 Eigelb, 100 g Zucker

ZUBEREITUNG

Eigelb mit dem Zucker in eine Aufschlagschüssel geben. Einen Topf mit Wasser als Wasserbad aufstellen. Die Sahne zum Kochen bringen, und dann unter ständigem rühren unter die Eigelbmasse geben. Auf dem kochenden Wasserbad, unter ständiger Bewegung auf mindestens 75 °C erhitzen. Dann sollte es auch eine sämige Soße sein.

ADRESSVERZEICHNIS

1514 HOTEL FREINSHEIM 34
Jan-Peter van der Laan
Hauptstraße 29
67251 Freinsheim
Telefon 0 63 53 / 5 05 84 10
www.1514-freinsheim.com
info@1514-freinsheim.com

A

ALTE REBSCHULE WOHLFÜHLHOTEL 112
Hafen & Schäfer GbR
Theresienstraße 200
76835 Rhodt unter Rietburg
Telefon 0 63 23 / 7 04 40
www.alte-rebschule.de
info@alte-rebschule.de

ALTSTADTHOF FREINSHEIM 28
Familie Schick
Hauptstraße 27
67251 Freinsheim
Telefon 0 63 53 / 93 22 50
www.altstadthof-freinsheim.de
info@altstadthof-freinsheim.de

ANNABERG HOTELMANAGEMENT OHG......34
Melanie und Jan-Peter van der Laan
Annabergstraße 1
67098 Bad Dürkheim
Telefon 0 63 22 / 9 40 00
www.hotel-annaberg.com
info@hotel-annaberg.com

ANTIQUITÄTEN 118
Schowalter & Partner
Stefan Schowalter
Hauptstraße 54
76857 Albersweiler
Telefon 0 63 45 / 84 80
www.antiquitaeten-pfalz.de
post@antiquitaeten-pfalz.de

AVANTGARTHE 92
Philipp Garthe
Ludwigstraße 2
67346 Speyer
Telefon 0 62 32 / 68 73 59
www.avantgarthe.de
info@avantgarthe.de

B

BACKPARADIES KISSEL 168
Familien Carra und Kunz
Herrenbergstraße 3
66879 Reichenbach-Stegen
Telefon 0 63 85 / 3 21
www.backparadies-kissel.de
info@backparadies-kissel.de

BACKPARADIES KISSEL'S 168
EINZIGE FILIALE & CAFÉ
Moorstraße 35
66879 Steinwenden-Weltersbach
Telefon 0 63 85 / 5 18 52

BAUERNHOF KIEFFER 152
Thomas Kieffer
Hauptstraße 46
76889 Schweighofen
Telefon 0 63 42 / 71 23
www.bauernhof-kieffer.de
info@bauernhof-kieffer.de

BEPPLER WOHNEN UND GARTEN 122
Bernd Beppler
Lindenbergstraße 39
76829 Landau
Telefon 0 63 41 / 96 88 61
www.beppler.de
info@beppler.de

J. BIFFAR & CO. GMBH 50
Hubert Hirschbil und Lilli Biffar-Hirschbil
Niederkircher Straße 15
67146 Deidesheim
Telefon 0 63 26 / 9 67 60
www.biffar.com
mail@biffar.com

BREMERHOF HOTEL RESTAURANT 170
AlmaSchu GmbH
Alf Schulz
Bremerhof 1
67663 Kaiserslautern
Telefon 06 31 / 31 63 20
www.bremerhof-kl.de
info@bremerhof-kl.de

C

CAFÉ OSWALD 130
Hans Ruckstuhl
Marktstraße 110
76829 Landau
Telefon 0 63 41 / 8 68 75
www.cafeoswald.de
info@cafeoswald.de

CAFÉ ROSINCHEN 140
Heidi Zimmermann
Weinstraße 39
76889 Klingenmünster
Telefon 0 63 49 / 9 96 32 99
www.cafe-rosinchen.de

CAFÉ SCHWARZE KATZE 78
Alma Hörnschemeyer
Hintergasse 15
67433 Neustadt
Telefon 0 63 21 / 9 24 85 99

CAFÉ SOLO 26
Familie Parmakerli
Hauptstraße 49
67273 Weisenheim am Berg
Telefon 0 63 53 / 95 93 49
www.cafésolo.de
cafesolo@online.de

CAFÉ THEOBALD 136
Familie Theobald
Bonifatiusstraße 9
76863 Herxheim
Telefon 0 72 76 / 91 81 51
www.cafetheobald.de
info@cafetheobald.de

CULINARIUM 146
Toffolo Gastronomie GmbH
Rötzweg 9
76887 Bad Bergzabern
Telefon: 0 63 43 / 70 07 81 0
www.mein-culinarium.de
info@mein-culinarium.de

D

DERMATOLOGIE IM FRONHOF 38
Praxis für Dermatologie und Venerologie
PD Dr. med. Wolfgang Koenen
Fronhofallee 1
67098 Bad Dürkheim
Telefon 0 63 22 / 22 66
www.drkoenen.de

DEUTSCHES WEINTOR EG 150
An der Ahlmühle 1
76831 Ilbesheim
Telefon 0 63 41 / 38 15-0
www.weintor.de
info@weintor.de

DIE NACHTIGALL 142
Landgasthaus und Historische Weinglasstube
Elena Zelinskaja und Karl-Roland Ziellenbach
August-Becker-Straße 7
76889 Oberschlettenbach
Telefon 0 63 98 / 99 31 26
www.superkochparty.de
ziellenbach@web.de

DIES & DAS – HANNELORE HELM 128
Kleiner Platz 12
76829 Landau
Telefon 0 63 41 / 2 02 62
www.hannelorehelm.de
kontakt@hannelore-helm.de

G

GASTHAUS ZUR KANNE 52
Florian und Karin Winter
Weinstraße 31
67146 Deidesheim
Telefon 0 63 26 / 9 66 00
www.gasthauszurkanne.de
info@gasthauszurkanne.de

GRÜNWEDEL'S RESTAURANT 84
Event – Catering – Kochschule
Familie Grünwedel
Weinstraße 507
67434 Neustadt-Diedesfeld
Telefon 0 63 21 / 21 95
www.gruenwedels-restaurant.de
info@gruenwedels-restaurant.de

GOLDSCHMIEDE 40
Stefan Diemer
Obermarkt 6
67098 Bad Dürkheim
Telefon 0 63 22 / 95 56 36
www.goldschmiede-diemer.de

ADRESSVERZEICHNIS

GUTSHOF BAUER'S STUBEN 102
Christin Bauer und Carina Noll-Bauer
Altdorfer Straße 3
67482 Venningen
Telefon 0 63 23 / 27 34
www.gutshof-bauer.de
gutshof-bauer@online.de

GUTTING PFALZNUDEL GMBH 104
Gerlinde Thelen und Corinna Schreieck
Hauptstraße 43/45
67483 Großfischlingen
Telefon 0 63 23 / 57 19
Telefax 0 63 23 / 43 52
www.pfalznudel.de
info@pfalznudel.de

H

HAMBACHER SCHLOSS 82
67434 Neustadt an der Weinstraße
Restaurant 1832 und Veranstaltungen
Telefon 0 63 21 / 9 59 78 80
www.hambacherschloss.eu
veranstaltungen@hambacherschloss.eu

STIFTUNG HAMBACHER SCHLOSS 82
Telefon 0 63 21 / 92 62 90
www.hambacher-schloss.de
info@hambacher-schloss.de

HOTEL PALATINA GMBH 80
Florian Wiedemann
Gartenstraße 8
67433 Neustadt
Telefon 0 63 21 / 92 40 00
www.hotel-palatina.com
info@hotel-palatina.com

HOTEL PFÄLZER HOF 180
Familie Jakob
Hauptstraße 12
67742 Lauterecken
Telefon 0 63 82 / 73 38
www.pfaelzer-hof.de
info@pfaelzer-hof.de

HOTEL RESTAURANT REWESCHNIER 174
Familien Clos und Fickert
Kuseler Straße 1
66869 Blaubach/Kusel
Telefon 0 63 81 / 92 38 00
Telefax 0 63 81 / 92 38 80
www.reweschnier.de
info@reweschnier.de

K

KETSCHAUER HOF 68
Hotel & Restaurant
Christian Siegling
Ketschauerhofstraße 1
67146 Deidesheim
Telefon 0 63 26 / 7 00 00
www.ketschauer-hof.com
info@ketschauer-hof.com

KLEINES LANDHAUS WENDEL 144
Landhaus – Restaurant – Weingut
Familie Wendel
Obere Hauptstraße 8
76889 Kapellen-Drusweiler
Telefon 0 63 43 / 82 45
www.hopfestubb.de
info@hopfestubb.de

KOSMETIKINSTITUT IM FRONHOF 38
Institut für Med. Kosmetik und Ästhetik
Elena Chrispens
Fronhofallee 1
67098 Bad Dürkheim
Telefon 0 63 22 / 9 59 82 30
www.kosmetik-im-fronhof.de

L

LA BOHÈME 86
Restaurant und Lounge
Nico Clapon
Speyerer Straße 78
67112 Mutterstadt
Telefon 0 62 34 / 30 53 60
www.winzerstube-mutterstadt.de
info@restaurant-la-boheme.de

LANDGASTHAUS ZUR TRAUBE 20
Familie Esposito
Weinstraße 82
67278 Bockenheim
Telefon 0 63 59 / 43 07
www.zur-traube-das-landgasthaus.de
mail@zur-traube-das-landgasthaus.de

LANDGASTHOF-HOTEL ZUM OCHSEN 160
Thomas Engel
Marktplatz 15
76846 Hauenstein
Telefon 0 63 92 / 92 33 0 und 571
www.zum-ochsen-hauenstein.de
info@zum-cchsen-hauenstein.de

LANDRESTAURANT GOLDENER ENGEL 106
Familie Anselmann
Staatsstraße 30
67483 Edesheim
Telefon 0 63 23 / 45 33
www.restaurant-goldener-engel-edesheim.de

M

METZGEREI HAMBEL 48
Klaus Hambel
Hintergasse 1
67157 Wachenheim
Telefon 0 63 22 / 46 13
www.metzgerei-hambel.de
info@metzgerei-hambel.de

N

NETTS RESTAURANT UND LANDHAUS 72
Susanne und Daniel Nett GbR
Meerspinnstraße 46
67435 Neustadt-Gimmeldingen
Telefon 0 63 21 / 6 01 75
www.nettsrestaurant.de
nett@nettsrestaurant.de

Ö

ÖLMÜHLE HOTEL-RESTAURANT 166
Elisabeth Stärz
Mühlstraße 2
66849 Landstuhl
Telefon 0 63 71 / 40 49 80
www.oelmuehle-landstuhl.de
info@oelmuehle-landstuhl.de

P

PFÄLZER MARKTHALLE 22
Ingrid und Dieter Schäfer
Ferdinand-Porsche-Straße 13
67269 Grünstadt
Telefon 0 63 59 / 80 16 40
www.pfaelzer-markthalle.de
info@pfaelzer-markthalle.de

PRIVAT-KAFFEE-RÖSTEREI 88
H. Mohrbacher KG
Mundenheimer Straße 233
67061 Ludwigshafen
Telefon 06 21 / 56 35 41
Telefax 06 21 / 56 93 83
www.mohrbacher.de
kaffee@mohrbacher.de

PYTEL'S „IM ZOO" 124
Michael P. Pytel
Hindenburgstraße 14
76829 Landau
Telefon 0 63 41 / 2 83 09 20
www.im-zoo.de
pytels@im-zoo.de

R

REISMÜHLE KAFFEEMANUFAKTUR 172
Familie Lutz
Reismühle 1
66909 Krottelbach
Telefon 0 63 84 / 92 57 71
www.reismuehle.info
info@reismuehle.info

RESTAURANT LUGINSLAND 46
Familie Stefan Schmidt
Weinstraße 2
67157 Wachenheim
Telefon 0 63 22 / 86 35
Telefax 0 63 22 / 6 23 17
www.restaurant-luginsland.de
schmidt@restaurant-luginsland.de

RESTAURANT SPINNE 74
Friedrich/Mix GbR
Peter-Koch-Straße 43
67435 Neustadt-Gimmeldingen
Telefon 0 63 21 / 9 59 77 99
www.restaurant-spinne.de
info@restaurant-spinne.com

RESTAURANT ZUR WASSERBURG 178
Jochen Conrath
Schlossstraße 1
67753 Reipoltskirchen
Telefon 0 63 64 / 1 75 00 16
www.restaurant-zur-wasserburg.de
info@restaurant-wasserburg.de

ADRESSVERZEICHNIS

S

SCHLÖSSL GBR 148
Margarete Düppre
Weinstraße 6
76889 Oberotterbach
Telefon 0 63 42 / 9 23 23-0
www.schloessl-suedpfalz.de
info@schloessl-suedpfalz.de

SCHLOSS EDESHEIM 108
Direktion Andreas Lorenz
Luitpoldstraße 9
67483 Edesheim
Telefon 0 63 23 / 94 24 0
www.schloss-edesheim.de
info@schloss-edesheim.de

SCHMUCK 90
Antje Liebscher
Kutschergasse 8
67346 Speyer
Telefon 0 62 32 / 29 21 69
www.antjeliebscher.de
schmuck@antjeliebscher.de

T

TAUSENDMÜHLE GMBH & CO. KG 164
Heike Stahl
Tausendmühle 1
66892 Bruchmühlbach-Miesau
Telefon 0 63 72 / 14 38
www.tausendmuehle.de
info@tausendmuehle.de

TRADITIONSGASTHAUS 132
ZUM WEISSEN BÄREN
Familie Dötz
Meerweibchenstraße 9
76829 Landau
Telefon 0 63 41 / 2 09 25
www.zum-weissen-baeren.de
info@zum-weissen-baeren.de

V

VON WINNING GMBH 62
Stephan Attmann
Weinstraße 10
67146 Deidesheim
Telefon 0 63 26 / 96 68 70
www.von-winning.de
info@von-winning.de

W

WASA WOHNEN GMBH & CO. KG 162
Gerhard Auer
In der Schorbach 1
67714 Waldfischbach-Burgalben
Telefon 0 63 33 / 27 50
www.wasawohnen.de
post@wasawohnen.de

WEINGUT GEHEIMER RAT 66
DR. VON BASSERMANN-JORDAN
Gunther Hauck
Kirchgasse 10
67146 Deidesheim
Telefon 0 63 26 / 60 06
www.bassermann-jordan.de
info@bassermann-jordan.de

WEINGUT & GÄSTEHAUS 44
ALTSTADT-RESIDENZ
Familie Manz
Weinstraße 34
67157 Wachenheim
Telefon 0 63 22 / 20 01
www.weingut-manz.de
manz@weinverkauf.de

WEINGUT, GÄSTEHAUS 138
& WEINRESTAURANT
Familie Schunck
Trifelsstraße 3
76829 Leinsweiler
Telefon 0 63 45 / 16 97 oder 9 59 43 93
www.weingut-schunck.de
info@weingut-schunck.de

WEINGUT-HOTEL-RESTAURANT 182
BARTH
Familie Barth
Lindenallee 23
55590 Meisenheim
Telefon 0 67 53 / 54 77
www.hotelweingut-barth.de
hotelweingut-barth@t-online.de

WEINGUT PHILIPP KUHN 24
Philipp Kuhn
Großkarlbacher Straße 20
67229 Laumersheim
Telefon 0 62 38 / 6 56
www.weingut-philipp-kuhn.de
info@weingut-philipp-kuhn.de

WEINGUT REICHSRAT VON BUHL 58
Weinstraße 18-24
67146 Deidesheim
Telefon 0 63 26 / 96 50 19
www.von-buhl.de
info@von-buhl.de

WEINGUT SANKT ANNABERG & 114
RESTAURANT SANKT ANNAGUT
Familie Lergenmüller
Sankt-Anna-Straße 203
76835 Burrweiler
Telefon 0 63 45 / 32 58
www.sankt-annagut.com
info@sankt-annagut.com

WEINGUT STEFAN OBERHOFER 110
Familie Oberhofer
Staatsstraße 1
67483 Edesheim
Telefon 0 63 23 / 94 49 11
www.weingutoberhofer.de
info@weingutoberhofer.de

WEINHAUS HENNINGER 32
Christian Jegensdorf
Weinstraße 93
67169 Kallstadt
Telefon 0 63 22 / 22 77
www.weinhaus-henninger.de
info@weinhaus-henninger.de

WEINREICH – 30
WEINSTUBE & GÄSTEZIMMER
Jeanette und Henning Weinheimer
Hauptstraße 25
67251 Freinsheim
Telefon 0 63 53 / 9 59 86 40
www.weinstube-weinreich.de
info@weinstube-weinreich.de

WEINSTUBE BACH-MAYER 42
Carsten di Lorenzi
Gerberstraße 13
67098 Bad Dürkheim
Telefon 0 63 22 / 9 21 20
www.bach-mayer.de

WEINSTUBE BRENNOFEN 134
Weingut R. & E. Schmitt
Wildgasse 5
76831 Ilbesheim
Telefon 0 63 41 / 3 22 15
www.mein-brennofen.de
info@mein-brennofen.de

WILHELMSHOF 120
Wein- und Sektgut der Familie Roth
Queichstraße 1
76833 Siebeldingen
Telefon 0 63 45 / 91 91 47
Telefax 0 63 45 / 91 91 48
www.wilhelmshof.de
info@wilhelmshof.de

WINZERSTUBE MUSSBACH 76
Joachim Bäder
An der Eselshaut 32
67435 Neustadt-Mußbach
Telefon 0 63 21 / 6 81 51
www.winzerstube-mussbach.de
baeder@winzerstube-mussbach.de

Z

ZUM ALTEN KEILER 176
Restaurant und Partyservice
Oliver Allmang
Hachenbacher Straße 9
66887 Horschbach
Telefon 0 63 87 / 71 72
www.alterkeiler.de
info@alterkeiler.de

ZUR ALTEN KÜFEREI 116
Restaurant & Weinstube
Ehepaar Hebel
Bergstraße 12
76835 Gleisweiler
Telefon 0 63 45 / 9 49 65 15
www.zuraltenkueferei.de
info@zuraltenkueferei.de

Bornheimer Saubrunnen.

REZEPTVERZEICHNIS

A

ASIATISCHER RINDFLEISCHSPIESS MIT SESAM, ...189
GEBRATENEM GEMÜSE UND EIERNUDELN

B

BLUTWURSTKUCHEN 184

F

FLEESCHKNEPP MIT MEERRETTICHSOSSE 187
UND KARTOFFELSTAMPF

FRÜHLINGSROLLE VOM PFÄLZER SAUMAGEN 188

G

GEGRILLTE RIESENGARNELEN 192
MIT WOK-GEMÜSE UND SPAGHETTI

GESCHMORTE SCHWEINEBÄCKCHEN IN 190
SPÄTBURGUNDERSOSSE UND BUNTEM GEMÜSE

K

KALBSFILET IM PFEFFERMANTEL MIT SPARGEL- 192
SALTIMBOCCA UND PETERSILIENWURZELPÜREE

KNEPP UND GRUMBEERE 188

L

LACHSTATAR 184

LAMMKARREE AUF AUBERGINENPÜREE, PFIFFERLINGE 191
IN MINZBUTTER, ROSMARINKARTOFFELN & BÄRLAUCHKRUSTE

R

RÖLLCHEN VOM KALBSTAFELSPITZ 185

ROSA GEBRATENER REHRÜCKEN AUF ZUCKERSCHOTEN- 195
PFIFFERLING-GEMÜSE UND MANGO-POLENTA

ROSA KALBSRÜCKEN MIT KRÄUTERÖL AUF GEBRATENEN 193
ARTISCHOCKEN UND KARTOFFELNOCKEN

ROSTIGE RITTER 196

S

SALAT VON PULPO UND SEPIA, MIT OCHSENHERZTOMATE, ...186
NADELBOHNEN-KARTOFFEL-RAGOUT UND LIMONENÖLSCHAUM

SEMIFREDDO PARFAIT NACH ART DES HAUSES 196

T

TARTE VON PFÄLZER ERDBEEREN AN VANILLERAHM 197
UND PFIRSICH-JOGHURT-EIS

TRANCHEN VOM ROSA GEBRATENEN RINDERFILET 194
AN KAPERN-ZITRONEN-BUTTER UND KIRSCHTOMATEN

W

WOLFSBARSCHFILET AUF DER HAUT GEBRATEN 195
MIT CURRY-LIMETTENSOSSE UND BASMATI-WÜRZBLÜTENREIS

Besondere Adressen für Sie entdeckt

Donau – von Passau bis Krems
200 Seiten, Hardcover
978-3-86528-459-4

Elsass – l' Alsace
272 Seiten, Hardcover
978-3-86528-557-7

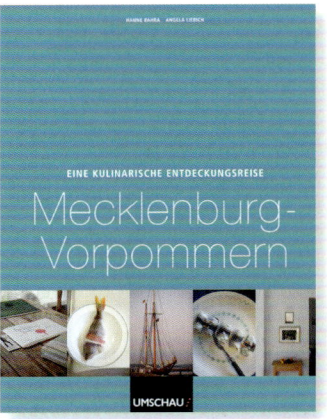

Mecklenburg-Vorpommern
368 Seiten, Hardcover
978-3-86528-460-0

Ortenau
144 Seiten, Hardcover
978-3-86528-437-2

Schätze zwischen Isar und Lech
128 Seiten, Hardcover
978-3-86528-852-9

Schätze Bodensee und Oberschwaben
192 Seiten, Hardcover
978-3-86528-556-9

Baden-Baden und Ortenau
136 Seiten, Hardcover
978-3-86528-461-7

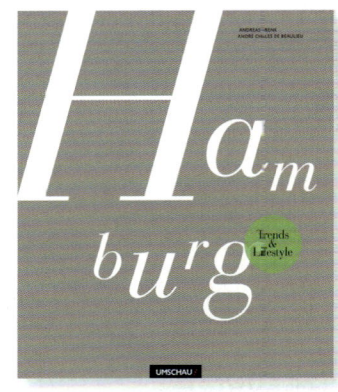

Hamburg
160 Seiten, Hardcover
978-3-86528-455-6

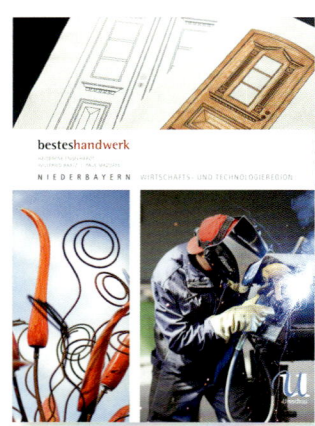

Bestes Handwerk Niederbayern
160 Seiten, Hardcover
978-3-86528-465-5

Genussvolles München
160 Seiten, Hardcover
978-3-86528-515-7

Raum & Design München
184 Seiten, Hardcover
978-3-86528-546-1

Faszination Welterbe Deutschlands Norden
256 Seiten, Hardcover
978-3-86528-545-4

Weitere Empfehlungen für Sie

Powersnacks
Die besten 60 Rezepte für zwischendurch
144 Seiten, Hardcover
978-3-86528-725-0

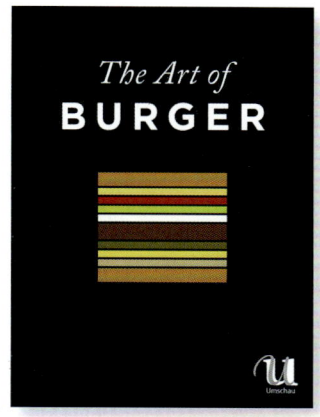

The Art of Burger
144 Seiten, Hardcover
978-3-86528-725-0

Die Feuerwehr kocht mit Feuer und Flamme
208 Seiten, Hardcover
978-3-86528-699-4

Beef Buddies
Das Kochbuch für echte Kerle
256 Seiten, Hardcover
978-386528-795-3

Wein? Yes!
176 Seiten, wattierter Umschlag
978-3-86528-770-0

Morgens & Abends
Frühstücks- und Abendbrotbuch
224 Seiten, Hardcover
978-3-86528-705-2

Für weitere Informationen über unsere Reihen
wenden Sie sich direkt an den Verlag:

Neuer Umschau Buchverlag GmbH
Moltkestraße 14
D-67433 Neustadt / Weinstraße

☎ + 49 (0) 63 21 / 8 77-833
🖨 + 49 (0) 63 21 / 8 77-859
@ info@umschau-buchverlag.de

Besuchen Sie uns
auch im Internet:
www.umschau-buchverlag.de

IMPRESSUM

© 2014 Neuer Umschau Buchverlag GmbH,
Neustadt an der Weinstraße

Alle Rechte der Verbreitung in deutscher Sprache, auch durch Film, Funk, Fernsehen, fotomechanische Wiedergabe, Tonträger jeder Art, auszugsweisen Nachdruck oder Einspeicherung und Rückgewinnung in Datenverarbeitungsanlagen aller Art, sind vorbehalten.

RECHERCHE
Karin Liebert, Mannheim

TEXTE
Eva Dawo, Landau

FOTOS
Oliver Götz, Föhren
www.goetz-fotografie.de

LEKTORAT, GESTALTUNG, PRODUKTION UND LITHOGRAFIE
Kaisers Ideenreich, Neustadt an der Weinstraße
www.kaisers-ideenreich.de

KORREKTORAT
Andreas Lenz, Heidelberg
www.lektorat-lenz.de

KARTE
Thorsten Trantow, Herbolzheim
www.trantow-atelier.de

DRUCK UND VERARBEITUNG
NINO Druck GmbH, Neustadt an der Weinstraße
www.ninodruck.de

Printed in Germany
ISBN: 978-3-86528-493-8

Die Ratschläge und Empfehlungen in diesem Buch wurden von den Autoren und dem Verlag sorgfältig erwogen und geprüft, dennoch kann eine Garantie nicht übernommen werden. Eine Haftung der Autoren und des Verlags für Personen-, Sach- und Vermögensschäden ist ausgeschlossen.

Wir bedanken uns für die freundlicherweise zur Verfügung gestellten Texte bei:
Susanne Schaller (Seite 174)

Wir bedanken uns für die freundlicherweise zur Verfügung gestellten Fotos bei:
Hotel und Restaurant Annaberg (Seite 34 oben und mitte), Ad Lumina (Seite 56 und 57), Gutting Pfalznudel (Seite 104 oben), lunisolar (Seite 104 unten), Schloss Edesheim (Seite 108 mitte und unten), Wohlfühlhotel Alte Rebschule (Seite 112-113), Beppler Wohnen und Garten (Seite 122-123), Bauernhof Kieffer (Seite 153 mitte), Ölmühle Hotel-Restaurant (Seite 166 unten), Hotel-Restaurant Bremerhof (Seite 170 und 171), Daams Naber GbR, flashfotos.de, Jürgen Naber (Seite 174-175) und Restaurant Zur Wasserburg (Seite 178 unten)

Besuchen Sie uns im Internet:
www.umschau-buchverlag.de